Birgit Doobe (Hg.) · Lebenszeit ist Erntezeit

Birgit Doobe (Hg.)

# Lebenszeit ist Erntezeit

Geschichten aus der Fülle des Lebens

neukirchener
aussaat

Bibliografische Information der Deutschen Nationalbibliothek

Die Deutsche Nationalbibliothek verzeichnet diese Publikation in
der Deutschen Nationalbibliografie; detaillierte bibliografische
Daten sind im Internet über http://dnb.d-nb.de abrufbar.

© 2011 Neukirchener Verlagsgesellschaft mbH, Neukirchen-Vluyn
Alle Rechte vorbehalten
Umschlaggestaltung: Andreas Sonnhüter, Düsseldorf,
unter Verwendung eines Fotos von © ayKay57/istockphoto.com
DTP: Typomedia Satztechnik GmbH, Ostfildern
Verwendete Schrift: Times New Roman
Gesamtherstellung: CPI books, Ebner & Spiegel, Ulm
Printed in Germany
ISBN 978-3-7615-5861-4

www.neukirchener-verlage.de

# Inhalt

*Bronja Zahlingen*

# Hänschen Apfelkern

Es war einmal ein kleiner Junge, der hieß Hänschen. Am liebsten aß er Äpfel und freute sich immer über die schönen braunen Kernlein, die ganz innen wie in fünf Sternstübchen schlummerten.

Eines Tages erzählte ihm die Mutter, wie ein Apfelbaum wachsen könne aus jedem Kern, wenn man ihn nur in die gute Erde lege, wenn die Sonne ihn bescheine, der Regen ihn benetze und Gottes Segen darauf ruhe. Da begann Hänschen die Kernlein zu sammeln, und ein jeder nannte ihn nun Hänschen Apfelkern.

Als er schon eine Menge beisammen hatte, sprach er zur Mutter: »Ach bitte, nähe mir doch ein Säckchen, damit ich meine Kerne aufbewahren kann.« Die Mutter nahm ein kleines Stückchen Stoff, nähte ein kleines Säckchen, und Hänschen tat die Apfelkerne hinein.

Als es voll war, ging er zur Mutter und bat sie: »Ach Mutter, nähe mir doch ein größeres Säckchen für meine Apfelkerne!« Sie nahm ein grö-

ßeres Stück Stoff und nähte es, und als dieses Säckchen voll war, ging Hänschen Apfelkern wieder zur ihr und sprach: »Ach bitte, mach mir doch noch ein größeres Säckchen.« Als nun auch dieses genäht und voll mit Apfelkernen war, bat er die Mutter noch einmal, und sie nahm ein ganz großes Stück Stoff und nähte einen großen Sack daraus.

Als dieser eines Tages voll war, da war aus Hänschen schon ein Hans geworden, ein junger Bursche, der sprach zu seiner Mutter: »Nun will ich durch das weite Land wandern und Apfelkerne pflanzen, dass alle Kinder sich an den guten Äpfeln freuen können. Also machte er sich bereit. Schuhe hatte er keine, aber das Barfußlaufen machte ihm nichts, das war er gewöhnt, und seine Fußsohlen waren schon ganz fest. Auf den Kopf setzte er einen Hut, nahm einen Wanderstab in die Hand, den Sack über die Schulter. Auch ein heiliges Buch nahm er, mit Sprüchen und Geschichten, um Gottes Segen zu erbitten. So sagte er seiner Mutter Lebewohl, machte sich auf den Weg und sang ein frohes Lied dabei:
»Der liebe Gott ist gut,
ihm dank ich immerzu;
er schickt mir alles, was ich brauch:

den Regen und den Sonnenschein
und Apfelkernlein auch.«

Wo Hans Apfelkern nun wanderte, pflanzte er die Apfelkernlein. Manchmal übernachtete er oder blieb eine Weile bei Bauersleuten und half ihnen bei der Arbeit. Wenn er dann Abschied nahm, streute er seine Kernlein rund um das Haus. Die sollten eines Tages einen schönen Obstgarten haben!

Weiter und weiter wanderte er, immer der Sonne nach, bis er eines Tages nicht mehr weiter konnte. Er war nämlich bis ans Meer gekommen. Da war auch sein Sack leer. Bis zum nächsten Frühjahr blieb er noch bei guten Leuten, und wie er sich dann auf den Heimweg machte, war schon das erste Pflänzchen gewachsen, nicht größer als ein kleiner Finger. Die nächsten waren schon wie der Ringfinger, andere wie der Mittelfinger und der Zeigefinger und manche dicker als ein Däumchen. Im Weiterwandern fand er immer größere Bäumchen, erst wie seine Hand so groß, dann so lang wie die Strecke von seinen Fingerspitzen bis zum Ellbogen, schließlich lang wie sein Arm. Und immer größer wurden sie, bis er endlich nach Hause kam; dort waren die Apfelbäume bereits so hoch wie er selbst. Die Mutter hörte ihn schon von Weitem singen:

»Der liebe Gott ist gut,
ihm dank ich immerzu;
er schickt mir alles, was ich brauch:
den Regen und den Sonnenschein
und Apfelkernlein auch.«

Sie eilte ihm entgegen und reichte ihm einen Apfel, der an seinen Bäumen gereift war. Das ist die Geschichte von Hänschen Apfelkern.

# Die Geschichte vom kaputten Krug

Ein Wasserträger trug täglich zwei Krüge voller Wasser von der Quelle zum Haus seines Herrn, das mitten in einem sehr trockenen Gebiet lag. Eines Tages zerbrach einer der Krüge, und da der arme Mann ihn selbst ersetzen musste, konnte er sich nur einen billigen leisten. Natürlich war es ein altes Stück, das im Lauf der Zeit einige Sprünge abbekommen hatte und daher nicht mehr ganz dicht war.

Zwei Jahre lang schleppte der alte Mann diese beiden Krüge, doch dann war er zu schwach dazu, und es kam der Tag, an dem er zum letzten Mal das kostbare Nass von der Quelle zum Haus seines Herrn trug.

Am Vorabend dieses Tages setzte er sich nieder und hielt Zwiesprache mit den beiden Krügen. Er bedankte sich bei ihnen und fragte sie, wie sie selbst denn ihre Leistung beurteilen würden. Natürlich war der perfekte Krug stolz auf seine Leistung, der gesprungene jedoch schämte

sich seines Fehlers. Er fühlte sich sehr schlecht, denn er hatte es immer nur geschafft, die Hälfte der ursprünglich abgefüllten Wassermenge ans Ziel zu bringen.

»Ich schäme mich so – ich möchte mich bei dir entschuldigen!« – »Warum? Wofür schämst du dich?« – »Weil du durch mich nie den vollen Wert deiner Arbeit bekommen hast!« Der Wasserträger betrachtete den Krug lange, und dann sagte er: »Wenn wir morgen zum letzten Mal von der Quelle zum Haus meines Meisters gehen, möchte ich, dass du dir den Weg, den wir gehen, ganz genau ansiehst.«

Das tat der Krug, und er war erstaunt, als er – mitten in der Wüste – Blumen am Wegrand sah. Bei der Ankunft fragte der Wasserträger: »Hast du die Blumen gesehen? Ist dir aufgefallen, dass sie nur auf der Seite wachsen, auf der ich dich trage? Ich weiß ja, dass du nicht dicht bist, und so habe ich auf deiner Seite Blumensamen ausgelegt – du hast sie regelmäßig gegossen! Seit zwei Jahren konnte ich nun den Tisch meines Meisters mit Blumen schmücken. Wärest du nicht so, wie du bist – ich hätte das Leben meines Meisters nie so bereichern können!«

# Der Weinstock und die Reben

»Ich bin der wahre Weinstock, und mein Vater ist der Weingärtner. Alle Reben am Weinstock, die keine Trauben tragen, schneidet er ab. Aber die Frucht tragenden Reben beschneidet er sorgfältig, damit sie noch mehr Frucht bringen.

Ihr seid schon gute Reben, weil ihr meine Botschaft gehört habt. Bleibt fest mit mir verbunden, und ich werde ebenso mit euch verbunden bleiben! Denn so wie eine Rebe nur am Weinstock Früchte tragen kann, so werdet auch ihr nur Frucht bringen, wenn ihr mit mir verbunden bleibt.

Ich bin der Weinstock, und ihr seid die Reben. Wer bei mir bleibt, so wie ich bei ihm bleibe, der trägt viel Frucht. Denn ohne mich könnt ihr nichts ausrichten.

Wer ohne mich lebt, wird wie eine unfruchtbare Rebe abgeschnitten und weggeworfen. Die verdorrten Reben werden gesammelt, ins Feuer geworfen und verbrannt. Wenn ihr aber fest mit

mir verbunden bleibt und euch meine Worte zu Herzen nehmt, dürft ihr von Gott erbitten, was ihr wollt; ihr werdet es erhalten.

Wenn ihr viel Frucht bringt und euch so als meine Jünger erweist, wird die Herrlichkeit meines Vaters sichtbar. Wie mich der Vater liebt, so liebe ich euch. Bleibt in meiner Liebe!

Wenn ihr nach meinen Geboten lebt, wird meine Liebe euch umschließen. Auch ich richte mich nach den Geboten meines Vaters und lebe in seiner Liebe. Das alles sage ich euch, damit meine Freude euch ganz erfüllt und eure Freude dadurch vollkommen wird. Und so lautet mein Gebot: Liebt einander, wie ich euch geliebt habe.«

*Jorge Bucay*

# Wegen eines Krugs Wein

E s war wieder einmal – ein König.
Er war der Herrscher über ein kleines
Land, dem Fürstentum von Uvilandia. Sein
Reich war voller Weinberge, und alle seine Un-
tertanen widmeten sich dem Weinbau. Mit dem
Weinexport in ferne Länder verdienten die fünf-
zehntausend Familien Uvilandias genügend
Geld, um einigermaßen über die Runden zu
kommen, die Steuern zu zahlen und sich hin und
wieder etwas Besonderes zu gönnen.

Es war nun schon ein paar Jahre her, da über-
prüfte der König die Reichsfinanzen. Der Monarch war ein gerechter und rücksichtsvoller
Mann, und der Gedanke, Hand an den Geldbeu-
tel der Bewohner Uvilandias zu legen, gefiel ihm
ganz und gar nicht. Deshalb suchte er verzweifelt nach Wegen, die Steuern zu senken.

Eines Tages hatte er eine grandiose Idee: Der
König beschloß, die Steuern ganz abzuschaffen.
Als einzigen Beitrag zur Deckung der Staatskos-
ten verlangte er von jedem seiner Untertanen

einmal pro Jahr zur Zeit, da der Wein auf Flaschen gezogen wurde, in den Palastgarten zu kommen und einen Krug mit einem Liter vom besten Wein der Lese in ein großes Faß zu leeren, das extra zu diesem Zweck angefertigt werden würde.

Der Ertrag aus dem Verkauf dieser fünfzehntausend Liter Wein sollte dazu dienen, die Ausgaben des Hofes zu decken und die Kosten des allgemeinen Gesundheits- und Bildungswesens zu begleichen.

Über Plakate und Bekanntmachungen in den Hauptstraßen verbreitete sich die Nachricht schnell im ganzen Königreich. Die Freude der Leute war unbeschreiblich. In sämtlichen Häusern ließ man den König hochleben und sang sein Loblied.

In allen Tavernen hob man das Glas und stieß auf das Wohl und ein langes Leben des großherzigen Königs an.

Dann kam der Tag der Beitragszahlung. Schon die ganze Woche lang hatte man sich auf den Märkten, Plätzen und in den Kirchen gegenseitig ermahnt, den großen Tag nicht zu versäumen. Im treuen Zusammenhalt des Volkes sollte die großzügige Geste des Souveräns ihre angemessene Vergütung finden.

Seit dem Morgengrauen kamen die Familien von den Weinbergen aus dem gesamten Königreich herab, den Krug fest in der Faust des Familienoberhaupts. Einer nach dem anderen kletterte die große Leiter zum Tonnenrand hinauf, leerte seinen Krug in die riesige Öffnung und stieg über eine zweite Leiter wieder hinab, an deren Ende der Schatzmeister des Königs jedem der Bauern ein Abzeichen mit dem Siegel des Königs ans Revers heftete.

Am Nachmittag, als der letzte Bauer seinen Krug geleert hatte, wußte man, daß keiner gekniffen hatte. Das Fünfzehntausend-Liter-Faß war randvoll. Jeder einzelne Untertan war rechtzeitig in den Garten des Königs gekommen und hatte seinen Krug in die Tonne geleert.

Der König war stolz und zufrieden. Bei Sonnenuntergang, als sich das Volk auf dem Platz vor dem Palast versammelt hatte, trat der Monarch unter Beifall auf seinen Balkon, und ein allgemeines Wohlgefühl machte sich breit. In einem wunderschönen Kristallkelch, einem Erbstück seiner Vorfahren, sandte der König nach einem Probierschluck des gesammelten Weins, und bis der eintraf, sprach er die folgenden Worte:

»Wunderbares Volk von Uvilandia: Wie vereinbart, haben sich alle Einwohner des Reiches

heute vor dem Palast eingefunden. Mit großer Freude nimmt die Krone zur Kenntnis, daß die Treue des Volkes gegenüber seinem König ebenso groß ist wie die des Königs gegenüber seinem Volk. Ich wüßte keinen besseren Beweis hierfür, als euch zu danken mit dem ersten Schluck dieses wunderbaren Göttertranks aus den besten Trauben der Welt, kultiviert von den besten Händen und begossen mit all dem Guten dieses Königreichs, das heißt, mit der Liebe des Volkes.«

Alle wischten sich Tränen der Rührung aus den Augen und ließen den König hochleben.

Einer der Bediensteten brachte den Kelch, und der König hob ihn, um dem heftig applaudierenden Volk zuzuprosten. Überrascht verharrte seine Hand in der Luft: der Inhalt des Kelches war farblos und durchsichtig. Langsam näherte sich die königliche Nase dem Wein, um das Bouquet der besten Trauben zu riechen, und hatte die Bestätigung: der Wein roch nach nichts. Als erfahrener Weinkoster nahm er einen kleinen Schluck.

Der Wein schmeckte weder nach Wein noch nach sonst irgend etwas.

Der König schickte nach einem zweiten Glas aus dem Faß, dann nach einem weiteren, und zu-

letzt wollte er selbst eine Probe vom oberen Rand des Fasses nehmen. Aber es blieb dabei: der Wein hatte weder Geruch noch Farbe, noch hatte er Geschmack.

Eilig wurden die Alchemisten des Königreichs herbeigerufen, um die Zusammensetzung des Weins zu untersuchen. Ihr Schluß war eindeutig: das Faß war voll Wasser. Hundertprozentigem, reinem Wasser.

Sofort sandte der König nach den Weisen und Magiern des Reiches, damit sie ihm eine Erklärung für dieses Rätsel brachten. Welche Beschwörungsformel, welche chemische Reaktion oder welcher Zaubertrank hatten diesen Wein in Wasser verwandelt?

Da kam der älteste Staatsminister und sagte laut und vernehmlich: »Wunder? Beschwörung? Alchemie? Nichts dergleichen, mein Herr, nichts davon. Eure Untertanen sind Menschen, Majestät. Das ist alles.«

»Ich verstehe nicht«, sagte der König.

»Nehmen wir zum Beispiel Juan«, sagte der Minister. »Juans Weinberg reicht vom Berg bis hinab zum Fluß. Seine Trauben stammen von den besten Reben des Königreichs, und sein Wein ist immer als erster ausverkauft, und zwar zu einem anständigen Preis.

Heute Morgen, als er sich bereit machte, mit seiner Familie ins Dorf zu kommen, hatte er eine Idee: Und wenn sie Wasser statt Wein ins Faß schütteten? Wem würde der Unterschied schon auffallen? Ein einziger Krug Wasser unter fünfzehntausend Litern besten Weins: Kein Mensch würde es merken. Niemand!

Und niemand hätte es bemerkt, wäre da nicht ein Detail gewesen, ein winziges Detail, Majestät. So wie Juan haben alle gedacht!«

*Legende*

# Die Steinsuppe

Einmal zog ein Vagabund mit seinem Wagen in ein Dorf. Er klopfte am nächstgelegenen Haus. »Es gibt in der ganzen Gegend keinen Bissen zu essen«, sagte man ihm, bevor er nur den Mund aufmachen konnte. »Oh, ich habe alles, was ich brauche«, winkte er ab. »Ich will eine Steinsuppe kochen und bräuchte nur einen Topf. Ihr seid alle eingeladen!« Zögernd gab man ihm einen Topf. Er füllte ihn mit Wasser und machte ein Feuer darunter. Dann holte er einen grauen Stein aus seinem Sack und legte ihn ins Wasser. Mittlerweile waren alle Dorfbewohner neugierig auf dem Platz erschienen. »Ah«, sagte der Vagabund recht laut zu sich selbst, »ich liebe diese Steinsuppe. Einmal hatte ich eine Steinsuppe mit Kohl, die war natürlich kaum zu übertreffen.« »Na ja«, sinnierte eine Dorfbewohnerin, »so einen Kohl hätte ich grad noch«, und holte ihn herbei. »Großartig!«, rief der Vagabund. «Ja», brummte der Metzger, »aber was ist schon Kohl ohne Pökelfleisch?« »Gewiss«, nick-

te der Vagabund, »das müsste gehen!« »Und
Kartoffeln«, rief eine alte Frau, »in eine Suppe
gehören Kartoffeln! Ein paar verschrumpelte
müsste ich noch haben …« Zwiebeln tauchten
auf, Möhren und Pilze. Die Suppe dampfte und
duftete, dass allen das Wasser im Mund zusam-
menlief. Und schließlich saßen sie beisammen,
jeder mit seinem Teller, und sie nahmen ein
zweites und ein drittes Mal nach, und es wurde
ein Fest. Ja, wirklich ein richtiges Fest!

# Der verborgene Schatz

Vor langer Zeit lebte in Krakau ein frommer Jude namens Izy. Er war schon alt und hatte weder Frau noch Kinder. Eines Nachts träumte Izy von einer Reise nach Prag. Eine große Brücke führte dort über den Fluss und die Türme der Stadt funkelten in der Sonne. Und er träumte von einem mächtigen Baum am Ufer des Flusses, der unterhalb der Brücke stand. Dort grub er und fand schließlich einen Schatz, der ihm ein Leben in Wohlstand und Freude bis an sein seliges Ende verhieß.

Am Morgen wachte er schmunzelnd auf, vergaß den Traum aber im Laufe des Tages wieder, da er ihm keinerlei Bedeutung beimaß. Doch in der nächsten Nacht träumte er das Gleiche und in der Nacht darauf ebenfalls. Nach einer Woche kam er ins Grübeln. Sollte dieser Traum eine Botschaft sein? War es gar der Wille Gottes, der sich ihm hier offenbarte? – Die nächtlichen Bilder gingen ihm nicht mehr aus dem Kopf.

Schließlich gab er seiner inneren Stimme nach, traf Vorbereitungen für eine längere Reise, lud das Gepäck auf sein Maultier und machte sich auf den Weg ins ferne Prag.

Sechs Tage später war er am Ziel. Der Fluss lag vor ihm und die majestätische Brücke, die in die Stadt führte, hatte er bald gefunden. Auch der Baum befand sich am Flussufer, genau an jenem Ort, den er im Traum gesehen hatte. Das konnte kein Zufall sein. Hier sollte er graben!

Da bemerkte Izy die Soldaten der kaiserlichen Garde, die auf der Brücke standen und Wache schoben. Vor den Augen der Wachsoldaten wagte er es nicht, mit dem Graben zu beginnen. So beschloss er, erst einmal abzuwarten, und schlug sein Nachtlager in der Nähe der Brücke auf. Doch die Brücke war Tag und Nacht bewacht. Am Abend des zweiten Tages wurden die Soldaten misstrauisch und schickten einen Wachmann zu jenem seltsamen Alten, der wieder am Flussufer nächtigen wollte.

Der Wachmann fragte Izy nach seinen Plänen. Da der fromme Jude nichts zu verbergen hatte, erzählte er dem Soldaten seine ganze Geschichte. Der Wachmann lachte laut und herzhaft, als er vom Traum, dem Schatz und der Reise hörte. »Träume sind Schäume! Du musst verrückt sein,

dich deswegen auf den Weg zu machen. Ich träume seit Jahren jede Nacht, dass in Krakau unter dem Herd eines gewissen Juden Izy ein Schatz vergraben liegt. Niemals würde ich mich aufmachen und in seiner Küche graben!«

Da huschte ein Lächeln über Izys Gesicht. Er verabschiedete sich höflich von dem Soldaten und reiste nach Krakau zurück.

Daheim begab er sich in die Küche, grub unter seinem Herd ein Loch und fand schließlich den Schatz, der dort verborgen gewesen war.

# Die Spinne, die alle Weisheit der Welt sammeln wollte

In fernen Zeiten lebte einstmals eine Spinne, die beschloss, in die weite Welt hinaus zu gehen, um die Klügste unter allen Menschen und Tieren zu werden. Sie kaufte sich einen großen Tonkrug, der sorgfältig mit einem Deckel verschlossen werden konnte, und machte sich auf den weiten Weg. In diesem Krug wollte sie die Weisheit der Welt sammeln. Sie nahm den Krug auf den Rücken und wanderte von Stadt zu Stadt, von Dorf zu Dorf und von Haus zu Haus. Immer, wenn sie etwas Kluges hörte, öffnete sie den Deckel und verwahrte es geschwind in ihrem Krug. »Alle Weisheit der Welt nehme ich mit nach Hause!«, freute sich die Spinne.

So wanderte sie nun durch die Welt und der Krug wurde schwerer und schwerer. Das Tragen und Schleppen wurde immer mühsamer. Erschöpft kam die Spinne eines Tages an eine Quel-

le. »Hier will ich mich ausruhen und mich ein wenig erfrischen«, sagte die Spinne zu sich selbst und beugte sich über den Brunnenrand. Da erblickte sie im Spiegel des Wassers gelb leuchtende, reife Bananenfrüchte. »Oh, die werden gut schmecken!«, freute sich die Spinne. Sie stieg mit dem kostbaren Krug auf dem Rücken in das Wasser, um die Bananen herauszufischen. Doch die Bananen waren auf einmal verschwunden. »Nun will ich wenigsten meinen Durst stillen«, dachte die Spinne und stieg wieder nach oben.

Als sie sich über das Wasser beugte, fiel ihr Blick wieder … auf die Bananen. »Da sind sie ja!«, rief die Spinne und stieg unverzüglich wieder hinab ins Wasser. Aber auch diesmal konnte sie die Bananen nicht finden. Schließlich kroch sie völlig durchnässt aus dem Wasser und sprach zu sich selbst: »Ich will wenigstens meinen Durst stillen.«

Kaum hatte sie sich über das Wasser gebeugt und zu trinken begonnen, sah sie die Bananen zum dritten Mal. Unbeirrt stieg sie hinab, um abermals nach den Bananen zu suchen, aber sie mühte sich wieder umsonst.

Da vernahm sie Kichern und Lachen. Ein paar Affen saßen in der Nähe und riefen ihr zu: »Frau Spinne, Frau Spinne, was treiben Sie da?«

Die Spinne erwiderte: »Ich suche die gold-gelben Bananen im Wasser, aber ich kann sie nicht finden.«

Da lachten die Affen noch lauter und hielten sich die Bäuche. Dann riefen sie: »Frau Spinne, so heben Sie den Kopf und schauen Sie nach oben!«

Gerne hätte die Spinne den Kopf gehoben, aber es ging nicht. Der Krug mit aller Weisheit der ganzen Welt, den sie auf dem Rücken trug, war zu groß und zu schwer. Sie musste ihn zuerst von den Schultern nehmen und auf die Erde setzen. Als sie ihren Kopf wieder frei bewegen konnte, sah sie den Bananenbaum, an dem die reifen Früchte hingen. Herrlich und gelb leuchteten sie in der Sonne. Und im Wasser glänzte ihr Spiegelbild.

Da wurde die Spinne zornig und ärgerte sich: »Wozu habe ich alle Weisheit der Welt gesammelt, wenn sie mir doch nichts nützt? Selbst die Affen sind klüger als ich!« Sie nahm den Krug und schleuderte ihn wütend von sich. Der Ton traf auf einen spitzen Stein und zerbrach in tausend Scherben. Und die gesammelten Weisheiten der Welt flogen in alle Himmelsrichtungen davon.

Aber eines hatte die Spinne begriffen: Es genügt nicht, die Weisheit der Welt zu sammeln.

Man muss auch die Augen weit offen halten, um Bananen, die an Bäumen wachsen, nicht im Wasser zu suchen.

*Birgit Saalfeld*
*(nach einem arabischen Märchen)*

# Ein Märchen von Sehnsucht und Veränderung

Es war einmal ein Mann, der in seinem Herzen eine tiefe Sehnsucht trug. Aus dem Tal, in dem er wohnte, schaute er immer wieder zum Berg hinauf und wünschte sich, einmal zu dessen Gipfel hinaufzusteigen, um von dort aus die schönsten Sonnenauf- und -untergänge sehen zu können. Aber es ging ihm wie vielen anderen, die träge und bequem sind. Er konnte sich nicht dazu aufraffen. Erst Jahre und Jahrzehnte später, als die Sehnsucht in seinem Herzen so stark geworden war, dass er es nicht mehr aushalten konnte, machte er sich auf den Weg.

Die Munterkeit und Kraft, mit der er sich auf den Weg machte, verwandelte sich alsbald in Müdigkeit und Erschöpfung, sodass er immer langsamer und schließlich nur noch in ganz kleinen Mäuseschritten vorankam.

Neuen Mut schöpfte er erst, als er in ein Bergdorf kam, wo er die Hähne krähen, die Hunde

bellen und sogar die Bienen in der Dorflinde summen hörte.

Beim ersten Haus trat ihm ein Bauer entgegen, grüßte ihn und fragte nach seinem Ziel.

Als der Mann ihm daraufhin von dem Berggipfel mit den wunderschönen Sonnenauf- und -untergängen und seiner Sehnsucht im Herzen erzählte, schüttelte der Bauer den Kopf und machte ihn darauf aufmerksam, dass er sein Ziel wohl nicht würde erreichen können, wenn er die Riesenbaumstämme weiter unter seinen beiden Armen mit sich tragen wollte.

Da erst bemerkte unser Mann diese Last, die er bereits vom Tal mitgeschleppt hatte und durch die seine Arme bereits ganz steif geworden waren.

Sogleich ließ er die Baumstämme fallen, richtete sich auf, bedankte sich bei dem Bauern und schritt nun wieder viel schneller voran.

In der Mitte des Dorfes, auf dem Platz, wo der Brunnen plätschert, begegnete ihm ein zweiter Bauer, der ihn ebenfalls nach seinem Weg und Ziel befragte.

Aber auch dieser zweifelte an der Erfüllung des Wunsches nach den herrlichen Sonnenauf- und -untergängen und wies unseren Mann darauf hin, dass die Bergbauern stets nur einen

kleinen, leichten Rucksack mit auf ihre Wanderungen nähmen, er aber stattdessen einen Riesenrucksack auf seinem Rücken trage.

In diesem Augenblick bemerkte unser Mann, dass sein Rücken tatsächlich stark schmerzte und setzte den Rucksack ab und war erstaunt, wie groß und schwer dieser war. Als er ihn öffnete und hineinsah, entdeckte er nichts außer Steinen und Sand darin.

Unser Mann ließ den Rucksack stehen, bedankte sich auch bei diesem Bauern und schritt nun leichten Fußes, ganz aufrecht voran. Fast kam ihm der Weg gemütlich vor.

Am Dorfrand traf er auf einen dritten Bauern, der ihn ebenfalls freundlich grüßte und wissen wollte, wohin er denn auf dem Weg wäre. Unser Mann berichtete von seiner Sehnsucht nach den Sonnenauf- und -untergängen, die er auf dem Berggipfel sehen würde.

Der Bauer erklärte ihm aber, dass es mit dem Anschauen wohl nichts werden würde, weil etwas auf seinem Kopf säße, was ihm die Sicht vernebelte, und machte unserem Mann Mut, dieses Ding doch einmal abzunehmen. Vorsichtig befühlte dieser daraufhin seinen Kopf und ertastete einen großen Kürbis, der ihm im Laufe der Jahre, von innen schon verfault, immer tiefer

über die Augen gerutscht war, wodurch sich sein Blick verdunkelt, getrübt und verschleiert hatte.

Wie erleichtert war unser Mann, nachdem er sich auch von diesem Hindernis befreit hatte. Er dankte Gott und dem Bauern aus tiefstem Herzen und nahm seinen Weg munter auf, der ihm nun fast von allein entgegenkam. Alsbald erreichte er den Berggipfel und konnte nun dort die wunderschönen Sonnenauf- und -untergänge sehen. Morgens und abends, tagtäglich sah er sie.

Und wenn wir uns beeilen auf den Berg zu kommen, werden wir ihn dort sicher noch antreffen. Unterwegs müssen wir aber alles ablegen, was uns auf diesem Weg hinderlich ist und uns beschwert. Dann werden auch wir die wunderschönen Sonnenauf- und -untergänge sehen und uns daran erfreuen können.

# Die Ameisen
# und die Grille

Wieder einmal war der Sommer ins Land gezogen. Der Himmel wölbte sich in strahlendem Blau über bunte Blumenwiesen und auf den Feldern wogte golden das Korn. Die Vögel zwitscherten ihr Lied und die Bienen summten und flogen von Blüte zu Blüte.

Am Rande des Waldes, unweit des großen Kornfeldes, erhob sich ein gewaltiger Ameisenbau. Hier herrschte auch mitten im Sommer emsiges Treiben, denn das Ameisenvolk kannte weder Rast noch Ruhe. Eifrig schleppten sie trockene Nadeln der Bäume zur Ausbesserung des Ameisenhaufens. Die ersten Körner, die aus frühreifen Ähren gefallen waren, wurden bereits für den Winter gebunkert.

Unweit des Ameisenhaufens stand auf einer kleinen Waldlichtung die Grille. Sie spielte auf ihrer Fiedel und ihre Lieder fingen den Sommer, die Sonne und den Frohsinn des Lebens ein. Die Schmetterlinge tanzten anmutig im Takt und

auch die Käfer wiegten sich zu den beschwingten Melodien.

Nur die Ameisen unterbrachen nicht einen Moment ihr geschäftiges Tun. »Wem nützen die Lieder, so schön sie auch sind? Der nächste Winter jedoch kommt bestimmt!«, sagten sie und jede tat ihre Pflicht. Erst wenn es dunkel wurde und das Tagwerk vollbracht war, tanzten auch sie auf der Lichtung, wo die Grille bis spät in die Nacht aufspielte.

Die Grille aber dachte nicht an den Winter. Wozu auch? Jetzt waren selbst die Nächte klar und lau und überall reifte Nahrung in Hülle und Fülle. Von früh bis spät verbreitete sie gute Laune mit ihrer Musik.

Unmerklich wurden die Gäste auf der Lichtung weniger, die Ameisen füllten ihre letzten Vorratskammern, die Blätter wurden bunt und auf einmal fror die Grille im kühlen Wind des Herbstes. Zunächst fand sie noch hie und da einen Bissen und bettete sich notdürftig unterm Laub. Doch als die ersten Flocken fielen, war sie völlig entkräftet.

Mühsam schleppte sie sich zum Ameisenbau.

Sie klopfte an die Türe, wurde vor Scham rot im Gesicht und bat um einen warmen Platz und etwas zu essen. »So geht es einem, wenn man

den ganzen Sommer nur fiedelt und sich nicht um die Zukunft sorgt«, sagte die Ameise an der Tür, aber sie bat die Grille herein. Schnell fiel ihr eine andere Ameise ins Wort: »Wie kannst du nur so gemein zu der armen Grille sein! Siehst du nicht, wie schwach sie bereits ist? Und sind uns nicht durch ihre Lieder die Arbeiten in diesem Jahr viel leichter von der Hand gegangen?«

Gemeinsam führten sie die Grille in den Bau. Ein warmer Platz war bald gefunden und die fleißig gesammelte Nahrung ernährte die Ameisen und ihren Gast. Bald war die Grille wieder bei Kräften. Sie nahm ihre Fiedel und spielte und ihre Lieder voll Sonne und Frohsinn erfüllten den Ameisenbau. Wer nun glücklicher und dankbarer war – die Ameisen oder die Grille – ließ sich in der allgemeinen Heiterkeit dort unterm Schnee kaum mehr feststellen.

*Renate Schubert*

# Zwei Gärten

Ein Mann kam in ein Dorf, in dem, wie überall erzählt wurde, wunderschöne Gärten waren, große und kleine, vornehme und einfache. Der Mann, mit seinem eigenen Garten nicht mehr zufrieden, wollte sich in diesen Gärten einmal umsehen. Vielleicht, so dachte er, kann ich dieses und jenes dann in meinem Garten ändern.

Am Eingang des Dorfes saß ein alter Mann, der verständig und weise aussah. Ihn fragte er, wie er es anstellen müsse, einen der Gärten zu besehen, um derentwillen das Dorf so berühmt sei. Der alte Mann winkte einen seiner Söhne herbei, und dieser führte ihn in einen großen Garten. »Die Gartenpforte muss erneuert werden«, sagte der Sohn, als sie den Garten betraten, und zeigte auf einige unschöne Stellen. »Und diese Wege sind reichlich ausgetreten und müssen eingeebnet werden.« Vor einem Rosenstrauch blieb er nachdenklich stehen: »Seht Ihr die Blattläuse? Er wird kaum überleben. Und

das Gewächs dort hinten an der Mauer, es wird wohl auch eingehen. Die Wurzeln sind befallen und nehmen das Wasser nicht mehr auf. Wir können gießen, soviel wir wollen, es hilft nicht mehr.« Der Sohn zeigte ihm noch manches, was nicht in Ordnung war. Es schien ein kranker Garten zu sein, und der Mann überlegte, warum man ihn gerade in diesen Garten geführt hatte. Enttäuscht berichtete er dem Alten vom schlechten Zustand des Gartens und fragte ihn, ob er nicht einen anderen sehen könne.

Der weise Alte winkte einen anderen seiner Söhne herbei. Dieser führte den Mann in einen Garten, der ihm wohl gefiel.

»Seht hier, diese Kletterrose«, sagte der Sohn und zeigte auf einen Bogen über der Gartenpforte. »Sie blüht das ganze Jahr. Es gibt keine andere Kletterrose im ganzen Dorf, die so viele Blüten treibt. Und dort ein Mandarinenbaum. Er trägt die süßesten Früchte.« Er gab dem Mann eine reife Frucht von köstlichem Aroma, die ihm wohl schmeckte. »Dieses Beet haben wir neu angelegt. Vor einigen Tagen haben wir die Samen in die Erde getan. Es werden Blumen wachsen, große, weiße, mit starkem Duft, ähnlich wie die blauen dort an der Mauer. Die ersten Sprossen kommen schon. Seht Ihr sie? Und dort ist

unser Brunnen. Schaut nur, wie tief er ist. Noch nie hat es uns an Wasser gefehlt.« So führte dieser Sohn den Mann durch den Garten und zeigte ihm all seine Schönheiten. Begeistert berichtete der Mann dem Alten von allem, was er in diesem Garten gesehen hatte, und bedankte sich. Der Weise lächelte nur und fragte: »Habt Ihr nicht gemerkt, dass Ihr in ein und demselben Garten gewesen seid?«

*Jürgen Pasche*

# Der Apfelbaum

Eine Rose ist eine Rose ist eine Rose – wahrscheinlich kennen Sie diesen Satz. Ein Apfelbaum ist ein Apfelbaum ist ein – nein, eben nicht. Und genau das ist es, was mich so verblüfft, aber auch glücklich macht. Ich weiß, ich spreche in Rätseln, deshalb ist es besser, ich beginne von vorn, damit Sie sich ein Bild machen können.

Als meine Geschwister und ich geboren wurden, pflegte mein Vater jedes Mal einen Baum zu pflanzen, einen Apfelbaum. Er erzählte dann auch später immer wieder gern von den drei Dingen, die ein Mann in seinem Leben tun sollte: ein Haus bauen, einen Sohn zeugen und einen Baum pflanzen! Während es bei dem einen Haus blieb, zierten im Laufe der Zeit drei Bäume unseren Garten, drei Apfelbäume. Und da mein Vater viel von Gerechtigkeit hielt und niemanden diskriminieren wollte, erhielt auch meine Schwester einen Apfelbaum.

Sobald ich etwas größer wurde, erklärte mir mein Vater den Sinn dieses Apfelbaumes, und

ich war stolz auf das zunächst kleine Bäumchen, das langsam aber gleichmäßig wuchs, von meinem Vater jährlich geschnitten wurde und schon bald erste Früchte trug: Boskop! Mein Bruder bekam einen Gravensteiner und meine Schwester eine Renette gepflanzt.

Als mein Baum – und damit auch ich – älter wurde, hingen in einem Jahr an einem der Äste Äpfel, die ganz anders aussahen als die Äpfel an den anderen Ästen. Was mein Vater vermutete, bestätigte ihm ein anerkannter Fachmann: Cox Orange! Wir wollten es erst nicht glauben, aber im folgenden Jahr wiederholte es sich: zwei Apfelsorten auf dem gleichen Stamm! Und dabei blieb es nicht. In späteren Jahren trug ein Ast köstliche Birnen, dann kam ein Zweig mit blauen, im Folgejahr ein weiterer mit gelben Pflaumen dazu. Gespannt warteten wir immer auf das nächste Jahr. In manchen Jahren blieb alles wie im Vorjahr (einmal fiel die Birnenernte sogar ganz aus), dann wieder ergänzte der Baum sich selbst mit Kirschen und sogar Beeren aller Arten – kurz: Er entwickelte sich zu einem biologischen Phänomen, von dem schließlich nach der Tagespresse auch die Fachpresse Kenntnis nahm.

Obstbauer erbaten sich kleine Zweige, sogenannte Reiser, zum Veredeln, wogegen wir

nichts einzuwenden hatten, denn wir hatten ja selbst Interesse am Ausgang dieser Experimente. Schnitt sich ein solcher Vertreter der Fachwelt ein Reis etwa von der blauen Pflaume ab und pfropfte es auf einen Wildling, so wuchs daraus kein Wunderbaum, sondern ein Pflaumenbaum, der blaue Pflaumen trug. Geschah das mit einem Boskop-Reis, so war das Ergebnis ein Boskop-Apfelbaum, sonst nichts.

Als mein Vater vor Jahren starb, hatte ich längst das Schneiden meines Baumes von ihm gelernt, führe es nun auch selbst aus und der Baum dankt es mir mit jährlicher Ernte in der gewohnten Vielfalt wie immer. Er wächst zwar jetzt langsamer, aber mit seinen vielerlei Früchten verblüfft und beglückt er mich jedes Jahr auf's Neue.

Erfreulicherweise hält sich auch der Schädlingsbefall in Grenzen. Hin und wieder wird schon mal ein Zweig trocken oder ein Ast muss gekappt werden, der die Grenzen zum Nachbarn nicht respektieren will. Nichts Ernstliches jedoch gefährdet bislang die jährliche Freude an diesem Baum. Bislang – denn in jedem Frühling schaue ich mit Spannung und Hoffnung auf meinen Lebensbaum: Wird er wieder blühen und Früchte bringen? Kann ich wieder sagen: Kommt,

pflückt euch einen Apfel, probiert die Birnen, nascht von den Beeren, schneidet euch Reiser zum Veredeln, setz dich mit mir in seinen Schatten?

Ich habe auch auf eigene Faust Nachforschungen betrieben, ob es ähnliche Phänomene in anderen Ländern gibt, habe Zeitschriften gewälzt und sogar das Internet genutzt – ohne Erfolg. Und nun frage ich Sie: Können Sie mir nicht weiterhelfen? Haben Sie keine Erklärung? Es muss eine geben! Sie wollen wissen, wie es sich mit dem Apfelbaum meiner Schwester und dem meines Bruders verhält? Da müssen Sie meine Geschwister schon selbst fragen.

*Kurt Tucholsky*

# Die fünfte Jahreszeit

Die schönste Zeit im Jahr, im Leben, im Jahr? Lassen Sie mich nachfühlen.

Frühling? Dieser lange, etwas bleichsüchtige Lümmel, mit einem Papierblütenkranz auf dem Kopf, da stakt er über die begrünten Hügel, einen gelben Stecken hat er in der Hand, präraffaelitisch und wie aus der Fürsorge entlaufen; alles ist hellblau und laut, die Spatzen fiepen und sielen sich in blauen Lachen, die Knospen knospen mit einem kleinen Knall, grüne Blättchen stecken fürwitzig ihre Köpfchen ... ä, pfui Deibel! ... die Erde sieht aus wie unrasiert, der Regen regnet jeglichen Tag und tut sich noch was darauf zugute: ich bin so nötig für das Wachstum, regnet er. Der Frühling –?

Sommer? Wie eine trächtige Kuh liegt das Land, die Felder haben zu tun, die Engerlinge auch, die Stare auch; die Vogelscheuchen scheuchen, dass die ältesten Vögel nicht aus dem Lachen herauskommen, die Ochsen schwitzen, die Dampfpflüge machen Muh, eine ungeheure

Tätigkeit hat rings sich aufgetan; nachts, wenn die Nebel steigen, wirtschaftet es noch im Bauch der Erde, das ganze Land dampft vor Arbeit, es wächst, begattet sich, jungt, Säfte steigen auf und ab, die Stuten brüten, Kühe sitzen auf ihren Eiern, die Enten bringen lebendige Junge zur Welt: kleine piepsende Wolleballen, der Hahn – der Hahn, das Aas, ist so recht das Symbol des Sommers! Er preist seinen Tritt an, das göttliche Elixier, er ist das Zeichen der Fruchtbarkeit, hast du das gesehn? – Und macht demgemäß einen mordsmäßigen Krach … der Sommer –?

Herbst? Mürrisch zieht sich die Haut der Erde zusammen, dünne Schleier legt sich die Fröstelnde über, Regenschauer fegt über die Felder und peitscht die entfleischten Baumstümpfe, die ihre hölzernen Schwurfinger zum Offenbarungseid in die Luft strecken: Hier ist nichts mehr zu holen … So sieht es auch aus … Nichts zu holen … und der Wind verklagt die Erde, und klagend heult er um die Ecken, in enge Nasengänge wühlt er sich ein, Huuh macht er in den Stirnhöhlen, denn der Wind bekommt Prozente von den Nasendoktoren … hochauf spritzt brauner Straßenmodder … die Sonne ist zur Kur in Abazzia … der Herbst –?

Und Winter? Es wird eine Art Schnee gelie-
fert, der sich, wenn er die Erde nur von weitem
sieht, sofort in Schmutz auflöst; wenn es kalt ist,
ist es nicht richtig kalt sondern nasskalt, also
nass … Tritt man auf Eis, macht das Eis knack
und bekommt rissige Sprünge, so eine Qualität
ist das! Manchmal ist Glatteis, dann sitzt der liebe Gott, der gute, alte Mann, in den Wattewol-
ken und freut sich, dass die Leute der Länge lang
hinschlagen … also, wenn sie denn werden kin-
disch … kalt ist der Ostwind, kalt die Sonnenstrahlen, am kältesten die Zentralheizung – der
Winter –?

»Kurz und knapp, Herr Hauser! Hier sind unsere vier Jahreszeiten. Bitte: Welche –?« Keine.
Die fünfte.

»Es gibt keine fünfte.«

Es gibt eine fünfte. – Hör zu:

Wenn der Sommer vorbei ist und die Ernte in
die Scheuern gebracht ist, wenn sich die Natur
niederlegt, wie ein ganz altes Pferd, das sich im
Stall hinlegt, so müde ist es – wenn der späte
Nachsommer im Verklingen ist und der frühe
Herbst noch nicht angefangen hat –: dann ist die
fünfte Jahreszeit.

Nun ruht es. Die Natur hält den Atem an; an
andern Tagen atmet sie unmerklich aus leise wo-

gender Brust. Nun ist alles vorüber: geboren ist, gereift ist, gewachsen ist, gelaicht ist, geerntet ist – nun ist es vorüber. Nun sind da noch die Blätter und die Gräser und die Sträucher, aber im Augenblick dient das zu gar nichts; wenn überhaupt in der Natur ein Zweck verborgen ist: im Augenblick steht das Räderwerk still. Es ruht.

Mücken spielen im schwarz-goldenen Licht, im Licht sind wirklich schwarze Töne, tiefes Altgold liegt unter den Buchen, Pflaumenblau auf den Höhen ... kein Blatt bewegt sich, es ist ganz still. Blank sind die Farben, der See liegt wie gemalt, es ist ganz still. Boot, das flussab gleitet, Aufgespartes wird dahingegeben – es ruht.

So vier, so acht Tage –

Und dann geht etwas vor.

Eines Morgens riechst du den Herbst. Es ist noch nicht kalt; es ist nicht windig; es hat sich eigentlich gar nichts geändert – und doch alles. Es geht wie ein Knack durch die Luft – es ist etwas geschehen; so lange hat sich der Kubus noch gehalten, er hat geschwankt ..., na ... na ..., und nun ist er auf die andere Seite gefallen. Noch ist alles wie gestern: die Blätter, die Bäume, die Sträucher ... aber nun ist alles anders. Das Licht

ist hell, Spinnenfäden schwimmen durch die Luft, alles hat sich einen Ruck gegeben, dahin der Zauber, der Bann ist gebrochen – nun geht es in einen klaren Herbst. Wie viele hast du? Dies ist einer davon. Das Wunder hat vielleicht vier Tage gedauert oder fünf, und du hast gewünscht, es solle nie, nie aufhören. Es ist die Zeit, in der ältere Herren sehr sentimental werden – es ist nicht der Johannistrieb, es ist etwas andres. Es ist: optimistische Todesahnung, eine fröhliche Erkenntnis des Endes. Spätsommer, Frühherbst und das, was zwischen ihnen beiden liegt. Eine ganz kurze Spanne Zeit im Jahre.

Es ist die fünfte und schönste Jahreszeit.

*Lena Nüchter*

# Erinnerungen
# eines Kirschbaumes

Sie lächelte ihm zu, wie er da stand und mit bedächtigen, sorgfältigen Bewegungen eine der reifen, roten Früchte vom Baum holte, sacht am Stängel drehend, sodass sie sich löste, ohne den Baum zu verletzen. Mit derselben Langsamkeit und Sorgfalt schob er sie sich in den Mund – sie sah ihn nie einen Kern ausspucken und hatte sich schon oft gefragt, was er wohl mit ihnen tun mochte.

Er trug immer eine dunkle Jacke, selbst im Sommer, jetzt, in der Hitze des Nachmittags, wo sie in kurzen Ärmeln dastand und sich nichts sehnlicher wünschte als etwas Kühle mit dem Wind. Sein Rad stand am Rand des Grasstreifens zwischen Straße und Weg, und wie seinem Besitzer haftete auch ihm eine Aura der Vergangenheit an. Der geschwungene Lenker, die schmalen Reifen, die dunkel gestrichenen, weich gebogenen Stahlröhren – das Rad wirkte sanft im Gegensatz zu der kühnen, klaren Linienstruk-

tur ihres Mountainbikes. Am Lenker hing ein kleiner, geflochtener Korb und sie fragte sich oft, was wohl darin sein mochte. Sie fragte sich vieles, was mit ihm zu tun hatte, wenn sie ihn unter gesenkten Wimpern beobachtete, denn sie sah ihn nur im Sommer. Was mochte er im Winter tun? Was trug er, wenn er selbst im Spätsommer zu frieren schien? Und weshalb, weshalb kam er wie sie jeden Freitag zu den beiden Kirschbäumen, die zwischen Straße und Weg auf dem schmalen Grünstreifen standen?

Sie beobachtete ihn, wie er sich reckte und einen Ast ergriff, ihn behutsam zu sich herabbog und eine Kirsche pflückte. Was mochte der Kirschbaum für ihn bedeuten, was die Herzform der prallen, reifen Früchte?

Sie sah herab auf die Kirsche in ihrer Handfläche, schmeckte die Süße der Frucht noch auf ihrer Zunge. Kirschen bedeuteten Spätsommer, die schwere, warme Luft des frühen Abends, wenn sie mit ihrer Familie auf der Terrasse saß und der Duft von Grillwürsten, Holzkohleasche und frischem Brot noch in der Luft hing, gemischt mit sonnenwarmem Asphalt und den Heureihen auf der Wiese neben dem Garten. Das Lachen ihrer Eltern und die Ungeduld des kleinen Bruders, der mit seinem Basketball an der

Treppe zum Garten stand und auf ein Spiel wartete.

Manchmal, früher, wenn sie Kirschen aus dem Supermarkt gegessen hatten und die Wassertropfen noch auf der glatten, kühlen Haut der Früchte glänzten, dann bedeuteten sie Babywangen, so rein und vollkommen. Frisch und jung und auf der dunklen Frucht glänzte und blinkte der Tropfen wie die Verheißung eines für immer unentdeckten Geheimnisses.

Und freitags bedeuteten sie Nachdenklichkeit, wenn sie vom Reiten kam mit ihren Freundinnen und Halt machte an den beiden Kirschbäumen, um sich auszuruhen und ein wenig zu erfrischen. Denn dann war er hier, der alte Mann, und pflückte Kirschen und sie betrachtete ihn unter ihren Wimpern und fragte sich, was sein Geheimnis war, das er mit den Früchten teilte.

Vielleicht waren es seine Bäume, zumindest in gewisser Weise. Vielleicht lebte er hier, seitdem er geboren worden war, als damals noch keine Straße existierte und Felder waren, so weit das Auge reichte. Vielleicht war er als kleiner Junge einmal hier entlanggegangen und hatte Kirschen gegessen und die Kerne fortgespuckt, war weitergegangen und hatte sie jahrelang vergessen. Kleine Pflanzen zuerst, kaum mehr als hohe

Grashalme, im Winter frosterstarrt, aber wachsend. Und dann hatte er sie vielleicht eines Tages, als Heranwachsender, wieder entdeckt und sich erinnert, einmal an dieser Stelle Kirschkerne gespuckt zu haben, vielleicht im Wettbewerb mit seinen Freunden, vielleicht allein und in Gedanken.

Dann mochte die Straße gebaut worden sein und er hatte sich gefragt, ob die Bäume das überleben würden – und war erleichtert gewesen, als man um sie herum einen schmalen Grünstreifen hatte stehen lassen, zwischen Straße und Weg. Vielleicht war er mit seiner Frau hierher gekommen, dann mit seinen Kindern. Und nun waren die Kinder fort, seine Frau tot vielleicht – und er kam noch immer.

Sie sah auf die Kirsche hinunter in ihrer Handfläche. Mochten Kirschen Treue bedeuten? Robustheit und Standhaftigkeit, so wie die beiden Bäume hier ausharrten, zwischen Straße und Weg, tagaus, tagein den Abgasen ausgesetzt?

Vielleicht hatte er aber auch immer mit seiner Frau Spaziergänge gemacht, die sie beide an diesen Bäumen vorbeigeführt hatten und sie hatten sich darunter gesetzt und pausiert, um ein paar Früchte zu pflücken und sich zu unterhalten. Vielleicht bedeuteten Kirschen für ihn Gebor-

genheit, wenn sie so viele gepflückt hatten, dass sie einen Korb voll mit nach Hause genommen hatten und seine Frau Marmelade daraus gekocht hatte. Bedeuteten sie den Duft von Gelierzucker, warmem Kompott und das Lächeln seiner Frau?

Vielleicht war sie nun tot und er kam noch immer jeden Freitag hierher und dachte an sie, während er ein paar Früchte pflückte? Oder sie lebte, war krank und konnte das Haus nicht verlassen. Darum hing vielleicht der kleine Korb an seinem Lenker – brachte er ihr ein paar Früchte mit, um sie zu erinnern an glücklichere Tage? Um ihr Lächeln aufblitzen zu sehen in einem müden Gesicht, um zu hoffen?

Sie konnte es nicht wissen und würde es vermutlich niemals erfahren. Sie steckte die Kirsche in ihrer Hand in den Mund, schmeckte die Süße der Früchte, Sonne auf Asphalt, Lachen, warmer Wind, und spürte die Härte des Kerns, der das Geheimnis der Frucht in sich verschloss. Dann spuckte sie ihn aus, sah ihm nach, wie er einen kleinen Bogen durch die Luft beschrieb und mit einem leisen, dumpfen Plumpsen im halbhohen Gras landete, verborgen vor ihren Blicken. Vielleicht würde er sich in die Erde schmiegen, den Winter mit seiner Frostkälte überstehen und im Frühjahr ausschlagen, zu einem eigenen kleinen

Kirschbaum werden, der fortan ihre Erinnerungen bewahrte an das, was Kirschen bedeuteten und an jene Freitagnachmittage im Spätsommer.

Und sie fing den Blick des Mannes auf und lächelte ihm zu und sah, wie sich durch die Zweige des Kirschbaumes hindurch ein Echo jenes Lächelns auf seinem alten Gesicht bildete. In seiner halb erhobenen Hand glänzte dunkel und geheimnisvoll eine Kirsche.

*Gertrud Renate Sopp*

# Die Wünsche
# der 7 Weizenkörner

In einem großen Weizenfeld stand eine Ähre mit vielen kleinen Körnern darin, die geborgen und behütet in ihrem Häuschen saßen und auf das große Leben warteten. Und während sie so warteten und wuchsen und reiften, machten sie sich ihre Gedanken und sprachen über ihre Wünsche. »Ich möchte einmal viel erleben«, sagte das erste, »und die Welt sehen; endlich einmal etwas anderes sehen als dieses Weizenfeld!«

Das zweite sagte: »Ich möchte ein sinnvolles Leben haben, das für die Menschen nützlich ist!« Das dritte und das vierte Korn pflichteten ihm bei: »Ja, das wollen wir auch! Wir wollen dem Hunger in der Welt wehren.« Das fünfte Körnlein wollte in Ruhe sein Leben genießen.

Körnchen Nummer sechs schaute in die Ferne und sagte sehnsüchtig: »Ich möchte Gottes Geheimnisse sehen!« Das letzte Körnlein war etwas einfältig und wusste nicht so recht, was es

sich wünschen sollte. »Ich möchte, dass Gott mein Leben gebraucht, wie er will«, sagte es schließlich.

Und es geschah, dass der allmächtige Gott die Wünsche der Ährenkinder hörte und beschloss, jedem Körnlein zu geben, was es begehrte. – Und als die Körnlein dick und reif waren und die Ernte kam, da fiel das erste, das die Welt sehen wollte, neben dem Sack auf den Wagen und fuhr die lange Strecke vom Feld zur Scheune, vorbei an Wiese und Wald, an Häusern, Menschen, Gärten, an Rinderherden, die von der Weide kamen, und Schulkindern, die von der Schule kamen. Und es schaute und schaute. Dreimal fuhr es vom Feld zur Scheune und von der Scheune zum Feld.

Dann fiel es an einer holprigen Wegstelle vom Wagen. Das fünfte Körnlein, das sein Leben genießen wollte, kam erst gar nicht auf den Wagen. Es hatte Angst vor dem Mähdrescher und sprang vorher auf die Erde. Da freute es sich an Luft und Sonnenschein und schloss Freundschaft mit einer Ackerwinde und einem Marienkäfer – bis ein frecher Spatz kam und es einfach aufpickte.

Die anderen Körnlein fielen alle miteinander in einen großen Sack und kamen in die Scheune. In dem Sack war es ziemlich dunkel und sehr

eng. Sie stießen und drückten sich gegenseitig. Es war nicht mehr so schön wie in ihrer Kinderstube, wo jedes sein eigenes kleines Häuschen an der großen Ähre hatte.

Die Körnlein, die ein sinnvolles Leben haben wollten, wurden eines Tages zusammen mit vielen anderen von einer großen Schippe aus dem Sack geholt und in die Mühle geworfen. Körnchen Nummer vier ahnte, was da kommen sollte und sprang schnell von der Schippe ab – zurück in den Sack. »Nein, nein! Das ist zuviel! Da verliere ich mich ja. So eng mit den anderen zermahlen und verbacken werden, das ist doch geschmacklos!«

Der allmächtige Gott achtete den Wunsch des Körnleins. Und am nächsten Tag griff die Bäuerin es mit einer Hand voll anderer Körner und streute sie alle mit weitem Schwung in den Hühnerhof. Jedes hatte Weite um sich und sein persönliches Plätzchen und jedes wurde einzeln und ganz für sich von den Hühnern gefressen.

Die anderen beiden aber, die in die Mühle geraten waren, wurden gemahlen und im Ofen zu knusprigen Brötchen gebacken. Und am Morgen beim Frühstück machten sie die Kinder satt. Nun blieb noch das sechste Körnchen, das Gottes Geheimnisse sehen wollte, und das kleine siebte,

das sich einfach von Gott gebrauchen lassen wollte.

Und der allmächtige Gott dachte an sie und dachte sich etwas ganz Schönes für sie aus. Körnchen Nummer sechs kam eines Tages auch in die Mühle und in die Backstube und musste durch die gleichen schmerzhaften Prozesse gehen wie seine Brüder vorher und mit vielen anderen zusammen zu Brot werden. Es wurde aber kein knuspriges Brötchen für den Morgenkaffee, sondern es kam als Abendmahlsbrot auf den Altar der kleinen Dorfkirche. Und als der Pfarrer Gebet und Segen für das Abendmahl sprach und das Brot emporhob, da spürte es, dass etwas vom Geheimnis Gottes in ihm selbst war.

Das kleine siebte Korn aber griff der Bauer mit seinen Brüdern und Schwestern, die auch noch übrig waren, und fuhr sie wieder zurück zum Acker. Mit gleichmäßigen Armbewegungen warf er sie in die schwarze Erde. Dann kam die Egge und der Boden schloss sich über ihnen. Körnchen Nummer sieben wusste nicht, was mit ihm geschah, es war zu einfältig, um sich viele Gedanken zu machen. Es blieb still im Dunkel und ertrug die Schmerzen und Veränderungen, die es in sich fühlte, bis es in der Erde starb.

Und nach einigen Monaten wuchs dort, wo es

gestorben war, eine Ähre auf, die dreißig Körner trug. Der allmächtige Gott lächelte und nahm sieben davon für sich auf den Altar, und sieben warf er wieder auf den Acker – und alle, die noch übrig waren, bekamen die Kinder als Frühstücksbrötchen.

*Herbert Moortz*

# Auf dem Weg

Der Mann in der Mönchskutte, der den Windungen des Weges folgte, schien schon länger unterwegs zu sein, er machte einen müden Eindruck. Trotzdem schien er die schöne Natur rings um ihn zu genießen, das Lächeln auf seinem Gesicht ließ so etwas erahnen. Das klare Wasser des Baches, an dem der Weg vorbeiführte, folgte ruhig fließend seinen Mäandern. Nur hin und wieder kräuselte sich die Oberfläche, wenn der Kopf einer Forelle sie durchbrach, um ein Insekt zu erhaschen. Auch die Flügelschläge der Schwalben, die im Tiefflug über das Wasser huschten, erzeugten kleine Wirbel.

Am Fuße einer Trauerweide, deren Zweige fast bis auf den Spiegel des Wassers reichten, blieb der Mann stehen, legte seinen Stab zur Seite, raffte ein wenig seine Kutte und setzte sich ans Ufer. Dann streifte er die Sandalen ab und steckte seine Füße in das erfrischende Nass. Man hörte einen Laut des Wohlbehagens. Er ließ seinen Oberkörper nach hinten ins Gras gleiten und

schaute in das Blau über ihm. Lerchen schraub-
ten sich in die Höh' und ihr Gesang drang bis zu
seinen Ohren. Jetzt schloss er die Augen, lauschte dem Gesumm der Insekten und schon war er
woanders.

Eine ganze Weile später ließen ihn ein Rum-
peln und Stimmen aufschrecken. Er setzte sich
auf und schaute den Weg hinunter. Es kam ein
mit bunten Bändern geschmückter Leiterwagen
auf ihn zu, im Trab gezogen von ebenfalls her-
ausgeputzten Pferden. Auf dem lustigen Gefährt
saßen und standen Frauen und Mädchen, Männer und Jungen, und als der Wagen auf seiner
Höhe war, lachten und winkten die Insassen und
warfen ihm Scherzworte zu. Er hob seinen Stab
und schwenkte ihn grüßend und dann war der
Spuk auch schon in einem Hohlweg verschwunden.

Der Mönch machte sich wieder auf den Weg,
die Sandalen trug er jetzt in den Händen und seine Füße setzte er in den warmen Sand, denn sie
waren durch den langen Aufenthalt im Wasser
arg abgekühlt. Nachdem er etwas später ebenfalls den Hohlweg passiert hatte, sah er in eini-
ger Entfernung am Wegesrand den Leiterwagen
stehen. Als er näher kam, standen die Pferde
ganz ruhig im Geschirr, waren sie doch mit et-

was Angenehmem beschäftigt, man hatte ihnen Hafersäcke umgebunden. Dann schaute er hinüber zu den Feldern, wo Schnitter mit ausholenden Bewegungen ihre Sensen schwangen und die Halme mit den prall gefüllten Ähren zu Fall brachten. Frauen und Mädchen harkten das Schnittgut zusammen und banden es zu Garben, die sie gegeneinander stellten. Lieder, von schönen Stimmen getragen, wehten zu ihm herüber. Die Worte konnte er leider nicht verstehen, vielleicht waren es Lieder des Dankes. Vorsichtshalber schickte er selbst ein Gebet gen Himmel.

Dann legte er den Kopf zurück. Die Sonne war während seiner ausgedehnten Rast ein ganzes Stück weiter zum Erdenrand gewandert, bald würde sie dort hinuntergleiten. Er musste sich sputen, wollte er doch vor Anbruch der Dunkelheit sein kleines Kloster erreichen. Er machte sich wieder auf den Weg, nicht ohne den Pferden über die Mähnen gestrichen zu haben, seine Schritte wurden jetzt etwas länger als gewöhnlich.

Der Südwind streicht über goldenen Weizen,
die dritte Zeit naht nun, es ist bald soweit,
der Sommer spielt nochmal mit seinen Reizen,
der Herbst, er bügelt sein buntes Kleid.

*Silvia Grad*

# Knollenernte 1960

Endlich Herbstferien, freuten wir uns, als wir am letzten Tag vor den Herbstferien der Oberschule den Rücken kehrten. Dabei störte es uns überhaupt nicht, dass wir die Hälfte der Zeit fern der Heimat verbringen sollten. Kartoffelernte war angesagt, und zwar hoch im Norden, in Röbel. Wir freuten uns darauf. Zum einen schien das Wetter schön zu werden, falls wir der Wettervorhersage trauen durften. Andererseits gefiel es uns, dass wir etwas Geld verdienen konnten.

Unsere Klassenlehrerin hatte uns darauf hingewiesen, dass wir allesamt, fünfzehn Mädchen und sieben Jungen, in einem Raum übernachten würden. Das kann ja heiter werden, malten wir uns in Gedanken aus.

Die Zugfahrt am nächsten Tag kam uns endlos vor. Glücklicherweise hatten wir alle nur wenige Kleidungsstücke, die zumeist in Rucksäcken verstaut waren, dabei. Wir wollten ja nur arbeiten und dazu reichten schon Trainingsanzug und Gummistiefel, meinten wir.

In Röbel holte uns ein Bauer mit Traktor und Anhänger vom Bahnhof ab. Frohgemut kletterten wir auf dieses Gefährt. Langsam setzte sich das Fahrzeug mit uns jungen Erntehelfern in Bewegung. Spaß gab es und auch kreischende Aufschreie der Mädchen, denn das Gefährt ruckelte über Stock und Stein. Das spürten wir besonders, weil die Sitzbänke ungepolstert waren. Endlich hielt der Bauer an. Wir befanden uns auf einem großen Bauernhof. Übermütig sprangen wir vom Anhänger. Endlich strecken! Jeder Muskel schien zu schmerzen, so durcheinandergeschüttelt waren wir von der Fahrt.

»So«, meinte der Bauer, »dann kommt mal alle mit!« Er öffnete das Scheunentor und erklärte: »Hier befinden sich eure Schlafplätze. Eure Lehrerin wird euch gesagt haben, dass das hier keine Jugendherberge ist. Die Strohsäcke bezieht ihr mit der blau karierten Bettwäsche, die euch meine Frau dort in der Ecke aufgestapelt hat. Und wer weiß, vielleicht findet ihr Städter es mal schön, auf Strohsäcken zu schlafen. Will mal hoffen, dass alle Flöhe ausgeflogen sind«, rief er und lachte schallend.

Stroh, Flöhe, dann alle Mädchen und Jungen zusammen in dieser riesigen Scheune, das wird etwas werden!

Doch es kam noch besser. Als es abends an die Körperpflege ging, suchten wir einen Waschraum, aber nirgendwo fanden wir einen. Stattdessen entdeckten unsere Jungen einen langen Waschzuber mitsamt Wasserpumpe im Freien – oh je – brrrrrr. Mich fröstelte schon, wenn ich daran dachte, wie kalt es morgens hier sein könnte. Nun ja, da muss ich durch, schließlich ist Landleben kein Zuckerschlecken, überlegte ich.

Als wir abends auf unseren Strohsäcken unserem ersten Erntetag entgegenschlummerten, ahnten wir noch nichts von künftigen Strapazen.

Am nächsten Tag hatten wir uns schnell an den Waschzuber gewöhnt und genossen nach unserem »Waschzauber« das reichhaltige Frühstück mit Milch, Käse, Butter, Eiern Wurst, Honig und Bauernbrot. Das waren Köstlichkeiten, die wir daheim kaum zu kaufen bekamen.

Nach dem Frühstück kutschierte uns Bauer Franzen aufs Kartoffelfeld. Unendlich groß und kaum überschaubar schien es uns. Was für eine Vorstellung, von früh bis spät bücken und Kartoffeln in Kiepen sammeln! Meine Freundin schien auch nicht begeistert zu sein, wie ich unschwer ihrem Gesichtsausdruck entnehmen konnte. Aber immerhin würde der Bauer für eine

volle Kiepe Kartoffeln fünfzig Pfennige zahlen. Da kommt sicher ein hübsches Sümmchen zusammen, spekulierten wir.

Pferde zogen den Kartoffelroder und die Knollen wurden zur Seite geschleudert. Hinter dem Gespann scharten wir uns, immer paarweise, den Weidenkorb mitziehend. Schon nach zwei Stunden verlangsamten sich unsere Bewegungen. Jede Kiepe schleppten wir zum Anhänger. Die Jungen nahmen sie uns ab und kippten die Kartoffeln auf den Wagen. Für jeden Korb gab es die heißbegehrte und hart erarbeitete runde Zählplakette.

Immer wieder bückten wir uns, sammelten die Früchte, warfen sie in die Körbe und schoben uns, im wahrsten Sinne des Wortes, weiter. Meine Güte, das nahm ja kein Ende! Zum Glück lachte uns die Sonne und ermunterte uns, ohne Murren weiter Kartoffeln zu sammeln.

Wir fühlten schon etliche dieser kleinen runden Erntemarken in unseren Hosentaschen und malten uns in Gedanken aus, dass wir »reich« seien, wenn wir heim kommen.

Aber unser Arbeitselan ließ mehr und mehr nach. Endlich Mittagszeit – eine Stunde, um auszuruhen!

Der Bauer brachte uns eine große Kanne mit heißem Kräutertee und riesige Speckfettbem-

men (Das ist sächsisch und bedeutet: Brotscheiben mit Speckfett). Wir ließen uns am Waldrand nieder, denn die Mittagssonne brannte sehr. Mit Riesenappetit vertilgten wir die dicken Fettbrote. Müde waren wir nun, aber die eine Stunde Mittagszeit verging viel zu schnell. Jetzt hieß es wieder fleißig sein.

Zusehens schwanden die Kräfte. Da es uns zu mühsam wurde, ständig in Bückstellung vorwärts zu gehen, blieben wir auf den Knien und meinten, auf diese Weise wohl den »Kiepenweltrekord« brechen zu können. Als wir abends die Glückstaler zählten, machte sich Enttäuschung in unseren Gesichtern breit. Na ja, morgen ist auch noch ein Tag!

Dieser erste Abend belohnte uns mit einem romantischen Zauber. Wir zündeten mit dem Kartoffelkraut ein Feuerchen an, warfen einige kleine Kartoffelknollen hinein, die wir am Rande des Feldes gefunden hatten. Oh, wie das duftete! Ein dünnes Rauchfähnchen wehte übers Feld. Wir kosteten die kleinen Früchte – hmm – lecker!

In dieser Stimmung fühlten wir nicht, wie müde wir waren. Ich stimmte das Lied an: »Bunt sind schon die Wälder, gelb die Stoppelfelder und der Herbst beginnt«. Wir Mädchen staunten,

denn sogar unsere Jungen fielen mit ihren tiefen Stimmen in den Gesang ein.

An diesem Abend mussten wir zu unserem Nachtlager laufen. Ich spürte, wie sehr mein Rücken schmerzte. Abendliches Waschen fiel aus, wir lagen auf dem Strohlager und waren auf der Stelle eingeschlafen.

An den Arbeitsalltag gewöhnten wir uns allmählich, und ehe wir uns versahen, waren die Erntetage vorüber. Endlich, endlich konnte ich daheim mein lang erträumtes Fahrrad, auf das ich schon geraume Zeit gespart hatte, kaufen. Zwar habe ich vergessen, wie viel Geld ich damals verdient hatte, aber jene Ernteaktion werde ich nie vergessen.

Immer, wenn der Oktober ins Land weht, erinnere ich mich an das »Kartoffelstoppeln«.

*Gertrud Weidinger*

# Weinfest im Oktober

Ich erinnere mich genau. Es war in den letzten Oktobertagen. Die Stadt lag mit leichten Nebelschwaden überzogen in einem Korb unter mir, geborgen und ruhig, wie eine schlafende Katze. Ich stand auf dem steil abfallenden Weinbergshang.

Schon hörte ich das Tuckern der ankommenden Weinbergswagen. Und es dauerte nicht lange, da spuckte jedes der lärmenden Kolosse eine Menge Menschen aus: Frauen, dick eingepackt in grobe Röcke. ›Wie viele Unterröcke sie wohl anhaben‹, überlegte ich in meiner kindlichen Einfalt. Den Kopf umhüllte ein wolliges »Hulletuch«. Es stiegen Männer aus in derber, dunkler Kleidung. Richtige Bröckel von Mannsbildern! Jeder für sich stattlich und breit gebaut.

Aber heute sollten all die dunkelgrünen Träubel mit Hilfe der Schere und des Messers ihre letzte Reise antreten. Traurig, aber auch schön, besonders wenn ich heute an den edlen Tropfen denke.

Und schon begann die Arbeit. Eine Butte auf den Rücken. Sie war so fest angeschnallt, als wäre es ein festgewachsener Buckel. Die Scheren gingen flink und die Butten füllten sich im Handumdrehen. Der erste kam, um seinen künstlichen Rücken in den Laderaum des Weinbergswagens, der eben noch als Sitzgelegenheit gedient hatte, zu entleeren. Und da kam die dicke Frau mit den roten Pausbacken. Jetzt näherte sich der kräftige Mann mit den Pratzen so groß wie ein Pfannkuchen.

Schon verließ der erste Weinbergswagen, gut gefüllt, den Berg, um sich in die inzwischen laut gewordene Stadt hinab zu bewegen. Er schaukelte wie ein Schiff. ›Uns kommt ein Schiff geladen‹, kam es mir in den Sinn. So musste das wohl ausgesehen haben.

Die Sonne suchte nun zaghaft die Gesichter der emsig Arbeitenden. Butte um Butte wurde geleert. Schiff um Schiff setzte sich schaukelnd in Bewegung bis zum Mittag. ›Ob ich da wohl auch einmal mitfahren darf?‹

»Zwölfe is.« – In Windeseile hatten alle ihren künstlichen Buckel abgeschnallt und saßen am Weinberg. Knäudele und fränkisches Bauernbrot, abgesäbelt mit dem Arbeitsmesser. Sie aßen miteinander, schmatzten miteinander, ruhten

miteinander – in Würzburg am Weinberg der Lage »Würzburger Neuberg« über der inzwischen sonnenbeschienenen Stadt – direkt neben meinem Heimathaus.

*Ingrid Uebe*

# Erntedank

Es war einmal ein reicher Bauer. Zu dem sprach seine Frau an einem schönen Herbsttag: »Mann, wir haben eine gute Ernte gehabt. Küche und Keller, Scheune und Vorratskammern sind voll. Lass uns das Erntedankfest feiern!«

»Nein«, antwortete der Bauer, »für die Ernte habe ich hart genug arbeiten müssen. Bin ich nicht jeden Morgen beim ersten Hahnenschrei aufgestanden? Wie soll ich für etwas danken, was doch allein mein Verdienst ist? Ich will ins Wirtshaus gehen und einen Schoppen Wein darauf trinken.« Damit verließ er das Haus.

Als er ein Stück gegangen war, sah er am Wegrand im warmen Herbstsonnenschein einen Mann mit seiner Frau und ihren zwei Kindern sitzen. Die vier hatten nichts bei sich als ein kleines Bündel aus rot-weiß kariertem Leinen. Der Vater knüpfte es gerade auf und nahm ein kleines Brot und zwei Handvoll Trauben heraus. Der Bauer blieb stehen. »Setzt Euch nur zu uns, wenn Ihr hungrig seid!«, sagte der Mann. »Es ist nur

ein einfaches Mahl, das ich Euch anbieten kann. Aber das Brot ist frisch, und die Trauben sind süß. Ein guter Nachbar hat sie uns mit auf den Weg gegeben. Unser Haus ist vor einigen Tagen einem Feuer zum Opfer gefallen und all unser Hab und Gut mit ihm.«

»Nein, danke, ich bin nicht hungrig«, antwortete der Bauer. »Auch reichen ja Brot und Trauben kaum für Euch selbst. Mich wundert, dass Ihr da so vergnügt in der Sonne sitzt und nicht weint und klagt über das, was Euch widerfahren ist.«

»Wie sollten wir weinen und klagen?«, entgegnete der Mann. »Meine Frau, unsere Kinder und ich sind dem Feuer unbeschadet entkommen. Dafür danken wir Gott und auch für die guten Gaben, die wir in seiner goldenen Sonne zu uns nehmen dürfen.« Damit teilte er das Brot und die Trauben, und alle ließen es sich schmecken.

Der Bauer blieb noch einen Augenblick nachdenklich stehen, und etwas wie Scham erfüllte sein Herz. »Kommt mit in mein Haus!«, sprach er dann. »Ich weiß etwas Besseres, als ins Wirtshaus zu gehen.« Die Familie nahm die Einladung an und folgte dem Bauern.

»Komm, Frau!«, rief der Bauer beim Eintreten. »Wir wollen Erntedankfest feiern. Diese gu-

ten Leute haben mir gezeigt, was es heißt, dankbar zu sein, und auch, was es bedeutet zu teilen.«
Da setzten sich alle fröhlich zu Tisch.

*Albrecht Reuß*

# Zwetschgenflut

Das Klima auf der Schwäbischen Alb ist eher als rau zu bezeichnen. Der Sommer 1997 aber brachte es dennoch mit sich, dass Schwaben von einer einzigartigen Zwetschgenflut überschwemmt wurde. Das Klima war plötzlich überall sehr gönnerisch. Einzige Ausnahme: unser Garten.

Es war September, als das Wunder geschah. Bäume brachen unter der Last ihrer Früchte zusammen, die Nachbarin backte jeden Tag einen Zwetschgenkuchen, und der Nachbar, der sich nie zuvor um seinen Garten geschert hatte, begann nun, in seinen dornigen Hecken so etwas wie einen Zwetschgenbaum zu entdecken, den er mit großem Einsatz gewillt war abzuernten.

In diesen Tagen war es, als meine Mutter heim kam und die Zahl der Zwetschgen an unserem Baum verkündete: fünf. Wir konnten nicht fassen, was geschehen war. All die Jahre zuvor hatte der Baum uns treu mit besten Früchten versorgt, wir hatten es ihm mit liebevoller Pflege in

harten Wintertagen und schwülen Sommernächten gedankt, und nun – wir fühlten uns betrogen.

Der Familienrat tagte und gab schnell eine Devise aus, um die Zukunft zu überleben: Nichts anmerken lassen! So zogen wir mit dem größten Korb, den wir im Keller finden konnten, in den Garten hinaus, um die Ernte einzuholen. Es war seltsam: Obwohl wir von unserem Baum sehr enttäuscht waren, wuchs in der Krise die Verbundenheit mit den wenigen Zwetschgen, die trotzdem alles getan hatten, um uns zu gefallen.

So sorgfältig wie dieses Jahr hatten wir uns noch nie um die blauen Früchte gekümmert. Bei jeder einzelnen Zwetschge berieten wir, wann wohl der richtige Zeitpunkt zum Ernten gekommen sein mochte. Emma, Lisa, Heidi und Gerlinde kamen gleich in den großen Korb, Lena ließen wir noch ein paar Tage hängen.

Es war üblich, dass wir unsere Zwetschgen auf dem Wochenmarkt verkauften, ehe wir den Rest für eigene Zwecke verarbeiteten. Um annähernd dasselbe Ergebnis wie immer zu erzielen, mussten wir den Preis von 5,60 DM pro Kilo auf 39,90 DM anheben – pro Stück.

Für alle vier Zwetschgen malten wir Preisschilder, auf denen ihre individuellen Vorteile

angepriesen waren. Etwa: »Lisa – Besonders zarte Haut, kaum Flecken, sonnengereift – 39,90 DM.«

Die Leute hielten es für einen Scherz, stoppten nur kurz an unserem Stand, lachten und gingen weiter. Einem Touristen war der Scherz 39,90 DM wert. Er kaufte Gerlinde. Eine Woche später hatten wir keinen Erfolg mehr.

Nun kam der zweite Teil: private Verarbeitung. Aus Heidi machten wir Konfitüre, aus Lisa Kompott, und Emma verarbeiteten wir zu Kuchen. Zugegeben: In diesem Jahr ließen Konfitüre, Kuchen und Kompott ihren charakteristischen Geschmack etwas vermissen, aber Traditionen sind seit jeher nicht für Geschmäcker geschaffen.

Wir warteten gerade auf Lena, um sie für ein Zwetschgendurcheinander zu gewinnen, als das Blatt sich wendete: Eine Nachbarin hatte offensichtlich Wind bekommen von unserer spärlichen Ausbeute und brachte uns einen großen Korb voll Zwetschgen vorbei. Wir sagten natürlich: »Ach, das wäre aber nun wirklich nicht nötig gewesen!«, und stürzten uns im selben Augenblick auf die saftigen Früchte. Der Zwetschgenherbst begann – und Lena konnte noch ein wenig reifen. Jetzt gab es wieder all

das, was wir gewohnt waren zu essen. Viel Konfitüre. Viel Kompott. Viel Kuchen.

Nun ergab es sich so, dass die anderen Nachbarinnen in ihrer Hilfsbereitschaft nicht nachstehen wollten, und schon bald stapelten sich in unserem Keller die Zwetschgen. Wir wussten schon nicht mehr, wohin damit, und noch immer gab es Kuchen, Konfitüre und Kompott.

Nun ergab es sich aber weiterhin, dass der Tourist, der uns scherzhaft die 39,90-DM-Zwetschge abgekauft hatte, Journalist war und einige Tage später einen Artikel schrieb, in dem unsere Zwetschgen als Deluxe- und Sammler-Zwetschgen angepriesen wurden. Nun war auf einmal Zwetschgensammeln in, und das Beste: Es galten nur unsere Früchte als besonders! Von einer Minute auf die andere rannten uns die Leute das Haus ein, überboten sich im Preis für eine Zwetschge, die Nachbarn kauften ihre eigenen Zwetschgen zurück, und wir saßen nur noch da und ließen uns Namen einfallen, 2371 an der Zahl. Als Gottliebin für 85 DM verkauft war, hatte der Spuk ein Ende. Und die ganze Familie schwelgte im Glück.

Da gingen wir noch einmal in den Garten zu unserem glücksbringenden Baum, und was mussten wir sehen: Lena war runtergefallen.

Faulige Flecken entstellten ihre Haut. Was hatten wir getan! Wie hatten wir das zulassen können? Und wir wurden gewahr: Das Geld hatte uns völlig den Kopf verdreht. Zutiefst betroffen saßen wir im Kreis um Lena, unsere tapfere Zwetschge, und ließen ihr die letzte Ehre zukommen. Wir hatten sie verraten.

*Frank Dauer*

# Aprikose Erna
# will nicht alleine sein

Vor langer Zeit stand in einem Obstgarten ein Aprikosenbaum, der viele Früchte trug. Eine davon hieß Erna. Sie war kleiner als ihre Schwestern und wuchs weit oben an einem Zweig, liebte die Sonne, ließ sich vom Wind schaukeln und trank den Regen, der in den heißen Sommermonaten selten war.

»Mama, erzähl uns eine Geschichte!«, bat Erna den Aprikosenbaum. Und Mama erzählte vom Wind, vom Regen, von Vögeln und von dem Land hinter dem nächsten Hügel.

Eines Tages kam der Bauer in den Garten, auf dem Kopf trug er einen Strohhut gegen die Sonne. Er breitete ein Netz aus und rüttelte am Baum.

»Ich fliege!«, rief Erna, als sie mit vielen anderen herunter ins Netz fiel. Auf dem Bauernhof nahm sie der Bauer mit seinen von der Feldarbeit rauen Fingern aus dem Netz und wusch sie in klarem Wasser. Gemeinsam mit ihren Schwes-

tern reiste sie in einer Obstkiste in einen großen Supermarkt. Wie viele Leute es dort gab! Alle kauften etwas, schoben schwere Einkaufswagen vor sich her. Und Erna wünschte sich, dass sie bei einer Familie landete, bei kleinen Kindern, und vielleicht gab es dort sogar einen Hund.

Nach und nach wurden alle ihre Schwestern in Einkaufskörbe gelegt – nur sie alleine blieb übrig.

»Bin ich zu klein?«, fragte sie sich traurig. Eine Schwester nach der anderen verabschiedete sich von ihr und wünschte ihr viel Glück.

Dann, es war schon spät am Abend, kam ein Kind vorbei, ein kleines Mädchen mit einer roten Haarspange. Das Mädchen sah Erna und rief seiner Mutter zu: »Mama, Mama, ich will eine Aprikose haben!«

Die Mutter hatte wenig Zeit, und weil das Mädchen mit der Haarspange so quengelte, kaufte sie Erna. Wie glücklich die kleine Aprikose war! Das war es, was sie sich gewünscht hatte.

Im Einkaufskorb ging es nach Hause, und dort legte sie die Mutter in einen Obstkorb, zusammen mit einer Orange und einer Banane. Jeden Tag wartete die Aprikose nun darauf, dass das Mädchen zu ihr kommen würde. Aber das geschah nicht. »Sicher wird sie mich morgen her-

ausnehmen!«, dachte sie. Doch irgendwann bemerkte sie ein Kitzeln im Rücken.

»Du schimmelst!«, sagte die krumme Banane.

»Tu ich überhaupt nicht!«, antwortete Erna. Aber sicher war sie sich nicht.

Ein paar Tage später ging das Mädchen mit der roten Spange in die Küche, lächelte und nahm Erna aus dem Korb. Aber als sie sie umdrehte, verzog sie das Gesicht: »Mama, Mama, komm schnell!«

Als Mama kam, nahm sie Erna mit spitzen Fingern in die Hand. »Die ist verschimmelt, tut mir leid. Wir kaufen eine neue, ja?« Das Mädchen nickte traurig und ging dann aus der Küche.

Aber wie traurig erst Erna war! Die Mutter warf sie in den Müll. Da lag sie nun, neben einem verschimmelten, sauren Apfel und den Kartoffelschalen vom Mittagessen. Und weinte, und weinte. Das war nicht, was sie wollte.

Später wurde sie in einem großen Müllwagen, in dem es ganz furchtbar stank, davongefahren und auf eine Müllkippe geschüttet.

»Das ist also das Ende«, dachte Erna. Das Kitzeln an ihrem Rücken war immer stärker geworden und sie bemerkte nun selbst, dass sie schim-

melte. Dabei wollte sie doch bei der Familie bleiben. Schließlich schloss sie die Augen und weinte.

Später flog eine Krähe vorbei und pickte sie vom Müllhaufen auf. Trug sie hoch in den Himmel, und die Aussicht da oben wäre atemberaubend gewesen, wenn Erna sich nicht zu sehr gefürchtet hätte, um das zu bemerken. Doch dann kam ein Bussard und die Krähe bekam Angst vor dem großen Vogel und ließ Erna fallen. Und Erna fiel! Sie spürte die kalte Luft an sich vorbeiziehen und die Baumkronen des Waldes kamen schnell näher. Plötzlich streifte sie schon die Blätter der Bäume und hüpfte von Ast zu Ast. Schließlich landete sie weich in einem Kissen aus Moos auf einer kleinen Lichtung. Und dort lag sie nun, war traurig und alleine. Jetzt, so dachte sie, war wirklich alles vorbei. Am Abend wurde es dunkel und kalt. Erna machte die Augen zu und weinte. Nach einer Weile fiel sie in einen tiefen Schlaf.

Viele Tage vergingen. Und aus Tagen wurden Monate, mit dem Herbst kam der Regen und bald der erste Schnee.

Erna war nun keine Aprikose mehr, nur noch der harte, bittere Kern war übrig geblieben. Immer noch schlief sie tief und fest und träumte

von ihren Schwestern und dem Mädchen mit der roten Haarspange.

Aber als im Frühling der Schnee schmolz und die ersten Sonnenstrahlen auf ihr kitzelten, erwachte sie und spürte etwas, ganz tief. Sie wusste nicht, was das bedeutete. Doch nach ein paar Tagen knackte die Schale und ein kleines Blatt reckte sich der Sonne entgegen. Feine Wurzeln drückten sich tief in die weiche Erde hinein und gaben ihr Halt.

Die Jahre vergingen und bald war aus Erna ein stattliches kleines Aprikosenbäumchen geworden. Aus ihren kleinen Blüten wuchsen Aprikosen und es war niemals still um sie.

»Mama«, riefen die kleinen Früchte. »Erzähl uns eine Geschichte!« Und Erna erzählte vom Wind, vom Regen, von Vögeln und von dem Garten hinter dem nächsten Hügel.

*Ulrike Blucha/Iris Knauf*

# Der alte Apfelbaum

Mitten auf einer Wiese stand ein alter Apfelbaum, der zahlreiche Löcher und kleine Höhlen in seinem Stamm hatte. Das machte ihm aber nicht so viel aus, denn an seinen knorrigen Zweigen wuchsen jedes Jahr im Sommer zahlreiche kleine, rote Äpfel. Sie leuchteten wie kleine rote Punkte zwischen dem grünen Laub hindurch. Darauf war der alte Apfelbaum mächtig stolz. Er stellte sich mit ausgestreckten Ästen hin und hoffte, von den Menschen bewundert zu werden. Doch, wie auch die Jahre zuvor, liefen die Menschen achtlos an ihm vorbei. Kaum jemand schaute zu dem Apfelbaum und seinen roten Früchten auf. Die wenigen, die ihn bemerkten, machten sich sogar lustig und sagten: »Schau dir mal die winzigen Äpfel an! Die sind bestimmt ganz sauer, so klein, wie die sind!« Als der alte Apfelbaum das hörte, wurde er sehr traurig. Woher wollten die Menschen das denn wissen? Sie hatten ja überhaupt noch keinen Apfel von seinen Zweigen gepflückt, um ihn zu probieren.

Die Worte der Menschen machten ihn so traurig, dass er seine Äste ein Stück tiefer sinken ließ. Da kein Mensch ihn beachtete, wurde der alte Apfelbaum immer trauriger. Alle Kraft verließ ihn, und so hatte er auch keine Lust mehr, die kleinen roten Äpfel länger zu tragen. »Wozu auch, wenn mich ohnehin niemand bemerkt?«, sagte er zu sich, während seine kleinen Früchte nach und nach von den Zweigen fielen. Um ihn herum lagen sie nun wie rote Punkte in der Wiese verteilt. In seiner Enttäuschung bemerkte der alte Apfelbaum zunächst überhaupt nicht, was sich um ihn herum auf der Wiese abspielte. Erst als es auf seiner Rinde mächtig kribbelte, bemerkte er, dass unzählige kleine Insekten auf ihm herumliefen. In seinen Zweigen tummelten sich zahlreiche Vögel und zu seinen Füßen liefen Mäuse und Igel geschäftig hin und her. Verwundert schaute sich der alte Baum das Treiben genauer an.

Eine kleine Maus, die gerade an einem roten Apfel im Gras knabberte, rief ihm zu: »Danke, lieber Baum, für die leckeren Äpfel, die du uns jeden Herbst schenkst! Meine Familie freut sich schon den ganzen Sommer über darauf!«

Der alte Baum wunderte sich noch über die Äußerung der kleinen Maus, als es um ihn her-

um summte: »Deine Äpfel mögen wir auch, aber du gibst uns sogar eine Wohnung!« Es war ein Hornissenschwarm, der in einer Asthöhle des alten Apfelbaumes lebte.

»So geht es uns auch! Wir haben in deinen Ästen ein Nest gebaut und finden hier genug Futter für uns und unsere Kinder!«, rief ihm ein Vogelpaar zu.

Der alte Apfelbaum wusste gar nicht, wie ihm geschah. So schöne Worte hatte er schon lange nicht mehr gehört. Ihm wurde klar, dass er und seine kleinen roten Äpfel für viele Tiere sehr wichtig waren. Die Worte der Tiere machten ihn so verlegen, dass sich nach und nach seine Blätter bunt verfärbten. Der Herbstwind, der in seinen Ästen zauste, verteilte das bunte Laub unter ihm und deckte damit die Mäuselöcher zu. Als es Winter wurde, stand der alte Apfelbaum kahl, aber stolz mitten auf der Wiese. Nun war er nicht mehr traurig. Stattdessen sammelte er all seine Kraft, damit im nächsten Jahr ganz viele kleine, rote Äpfel für seine Freunde an ihm wachsen konnten.

*Julie A. Manhan*

# Ein Nachmittag im Park

Es war einmal ein kleiner Junge, der Gott kennenlernen wollte. Er wusste, dass es ein weiter Weg sein würde, und so packte er Schokoriegel und ein Sechserpack Limonade in sein Köfferchen und brach auf.

Als er drei Häuserblocks weit gegangen war, traf er auf eine alte Frau. Sie saß auf einer Parkbank und sah unverwandt den Tauben zu. Der Junge setzte sich neben sie und öffnete sein Köfferchen. Gerade wollte er einen Schluck Limonade trinken, als ihm auffiel, wie hungrig die alte Frau aussah, und so bot er ihr einen Schokoriegel an.

Sie nahm ihn dankbar entgegen und lächelte den Jungen an. Ihr Lächeln war so entzückend, dass der Junge es noch einmal sehen wollte, und so bot er ihr auch eine Flasche Limonade an. Wieder lächelte sie ihm zu. Wie sehr sich der Junge freute!

Sie saßen den ganzen Nachmittag nebeneinander und aßen und lächelten, aber keiner von beiden sprach auch nur ein Wort.

Als es dunkel wurde, merkte der Junge, wie müde er war. Er stand auf, um zu gehen, doch schon nach ein paar Schritten kehrte er um, rannte zu der alten Frau zurück und umarmte sie. Da schenkte sie ihm ihr allerschönstes Lächeln.

Als der Junge wenig später nach Hause kam, wunderte sich seine Mutter, warum er so glücklich aussah. Sie fragte ihn: »Was hast du heute gemacht, dass du so strahlst?«

Er antwortete: »Ich habe mit Gott zu Mittag gegessen.« Und noch bevor seine Mutter etwas erwidern konnte, fuhr er fort: »Weißt du was? Sie hat das schönste Lächeln, das ich je gesehen habe!«

Mittlerweile war auch die alte Frau zu Hause angekommen. Auch sie war überglücklich.

Ihr Sohn wunderte sich über ihren zufriedenen Gesichtsausdruck und wollte wissen: »Mutter, was hast du heute gemacht, dass du dich so freust?«

Sie antwortete: »Ich habe im Park gesessen und mit Gott Schokoriegel gegessen.« Und noch bevor ihr Sohn etwas erwidern konnte, fuhr sie fort: »Weißt du was? Er ist viel jünger, als ich dachte!«

*Wolfram Eicke*

# Der kleine Tag

Hinter den Sternen, im funkelhellen Licht-reich, lebte ein kleiner Tag. Alle Tage leben dort, bevor sie auf die Erde kommen, und sie kehren auch dorthin zurück, wenn die Nächte sie wieder von der Erde verscheucht haben. Jeder Tag kommt nur ein einziges Mal herunter zur Erde. Es ja auch ganz unmöglich, dass ein Tag genau so abläuft wie einer, der schon einmal auf der Erde war. Ein Tag ist einmalig. Und so ist es der Höhepunkt im Leben eines Tages, wenn er auf die Welt zu den Menschen kommt.

Der kleine Tag musste noch lange warten. Er sollte der 23. Februar im nächsten Jahr sein. Vor-drängeln konnte er sich nicht, denn die Reihen-folge, in der die Tage die Welt betreten, ist seit ewigen Zeiten streng festgelegt. Wie beneidete er die anderen Tage, wenn sie von ihrem Besuch auf der Erde erzählten!

Sein Vater war ein berühmter und gefürchteter Tag gewesen, an dem sich ein grauenhaftes Erd-beben ereignet hatte. »Die ganze Welt zitterte«,

erzählte sein Vater stolz, »und ich bin in allen Geschichtsbüchern erwähnt.«

Seine Mutter wurde von den anderen Tagen ebenfalls respektvoll behandelt. Als sie Tag war, hatten zwei Völker nach einem langen Krieg endlich Frieden geschlossen. Immer wieder wollte der kleine Tag hören, wie sich damals die Menschen lachend und weinend vor Freude umarmten und wie schön dieser Tag gewesen sei.

Ein Onkel war sehr stolz darauf, dass er die erste Landung eines Raumschiffes auf einem fernen Planeten gebracht hatte, und seine Großmutter konnte gar nicht genug von der Hochzeit eines Königspaares erzählen, die mit großer Pracht gefeiert wurde, als sie Tag gewesen war.

Jeden Abend, wenn ein Tag von der Erde zurückkommt, muss er genau berichten, was sich während seiner Reise ereignet hat. Mit staunenden Augen und voller Begeisterung hörte der kleine Tag Erzählungen von ruhmreichen Taten, von Erfindungen und großen Festen, aber auch von Schneekatastrophen, Dürre- und Hungerzeiten, von Flugzeugabstürzen, Explosionen und Gewalttaten.

»Es ist ganz wichtig«, sagte sein Vater eines Tages, »dass etwas Ungewöhnliches passiert, wenn du auf der Erde bist, damit man sich an

dich erinnert. Dabei kommt es weniger darauf an, ob etwas Gutes oder Böses geschieht. Hauptsache, du hinterlässt einen bleibenden Eindruck auf die Menschen.«

»Wenn ich einmal auf der Erde bin«, dachte der kleine Tag, »dann wird sicherlich etwas ganz, ganz Großes geschehen. Etwas, das es noch nie gegeben hat. Nicht nur ein kümmerliches Erdbeben oder die Hochzeit eines Königspaares. Nein, hundert Könige sollen gleichzeitig heiraten, alle Völker der Erde sollen Frieden schließen und versprechen, niemals wieder Krieg zu führen. Es wird ein gewaltiges Feuerwerk geben, weil die Menschen alle Waffen in die Luft sprengen werden! Auf jedem Stern im Weltall landet ein Raumschiff, eine riesige Flutwelle überschwemmt die Hälfte der Erde, und, und, und …« So träumte der kleine Tag unaufhörlich, und es fiel ihm immer schwerer, seinen großen Auftritt abzuwarten.

Endlich, nach langen Monaten und Wochen des Wartens, war der große Augenblick gekommen. Unten auf der Erde herrschte noch Finsternis, als der Vater den kleinen Tag rief: »Es ist soweit. In einer halben Stunde beginnt der 23. Februar. Gleich bist du ein Tag auf der Erde!« Sein Vater begleitete ihn noch ein Stück, damit

er den richtigen Weg fand, und dann war es soweit!

Schrittweise zog sich die Nacht vor dem kleinen Tag zurück, bis sie ganz verschwunden war. Der kleine Tag jubelte: Jetzt regierte er die Welt!

Aber schon bald erlebte er die erste Enttäuschung. Die strahlend goldene Sonne, von der sein Vetter im Juli so geschwärmt hatte, war nirgends zu sehen. Grauer Nebel verhüllte die frühen Morgenstunden. Alles sah trübe und dunstig aus, feucht und kalt. Der kleine Tag wollte sich aber nichts daraus machen, es gab doch so viel Neues, Fremdes und Aufregendes zu sehen.

In den Städten wälzten sich Tausende von Menschen durch die Straßen zu ihrer Arbeitsstelle. Autokolonnen, Busse, Züge, Bahnen – alles drängte, schob und wimmelte. Der kleine Tag musste lachen: Es sah zu lustig aus, wie sie da unten alle in verschiedenen Richtungen durcheinander krabbelten.

Er betrachtete die Menschen genauer. Nein, freundlich sahen die nicht aus! Die meisten hasteten mürrisch und lustlos durch die Straßen, hatten die Mantelkragen hochgeschlagen und sahen grimmig geradeaus oder zum Boden. Niemand schien den kleinen Tag zu beachten.

»Hallo, hier bin ich!«, rief er. »Ich bin heute euer Tag! Freut ihr euch nicht, mich zu sehen?«

Aber die Menschen freuten sich nicht. »Was für ein lausiger Tag«, sagte ein Mann zu einem Arbeitskollegen. »Dieser widerliche Nieselregen geht mir ganz schön auf die Nerven.« »Ja, abscheulich«, bestätigte der andere. »Meine Frau bekommt sicher wieder die Grippe bei diesem Wetter. Wenn doch bloß die Sonne ein wenig scheinen würde!«

Die Sonne! Wo war sie? Der kleine Tag konnte sie nirgendwo entdecken. »Bitte, liebe Sonne«, rief er, »komm doch hervor und mache die Welt an meinem Tag etwas schöner, damit die Menschen nicht ganz so grimmig sind.«

»Das kann ich nicht«, sagte die Sonne, die von einer grauen, fetten Regenwolke verdeckt wurde. »Ich hab' noch nicht die Kraft dazu. Komm im Frühling wieder, oder im Sommer! Dann will ich so scheinen, dass deine Augen geblendet werden. Aber jetzt im Februar bin ich einfach noch zu schwach.«

Der kleine Tag war ganz verzweifelt. »Aber ich bin doch nur heute!«, rief er. »Ich kann nicht wiederkommen. Nie kann ich wiederkommen! Im Frühling und im Sommer sind die anderen

dran. Bitte, liebe Sonne, schein doch wenigstens ein kleines bisschen!«

Die Sonne hatte Mitleid mit ihm. Mit aller Kraft presste sie ein paar dünne Strahlen hervor. Der kleine Tag hatte ja noch nie Sonnenschein gesehen. Verzückt und verzaubert schaute er zu, wie die Strahlen auf einen Waldweg fielen und wie sich das Licht in den Regentropfen spiegelte.

»Hurra!«, rief der kleine Tag, »freut ihr euch jetzt, dass ich hier bin?« Doch die Sonne hatte zu kurz geschienen. Kaum ein Mensch in der Stadt hatte die wenigen Sonnenstrahlen bemerkt, und jetzt war es wieder so grau wie zuvor. Allerdings regnete es nicht mehr und auch der Nebel hatte sich aufgelöst. »Immerhin etwas«, tröstete sich der kleine Tag.

Auf einem Schulhof stand ein Junge mit einem neuen Fahrrad, umringt von seinen Klassenkameraden. »Woher hast du denn das tolle Rad?«, fragte einer von ihnen. »Na, wisst ihr denn nicht, was heute für ein Tag ist? Heute ist doch der 23. Februar, mein Geburtstag. Das Fahrrad ist mein Geburtstagsgeschenk!«

Der kleine Tag jauchzte. Endlich freute sich jemand über ihn. »Für diesen Jungen bin ich der Höhepunkt des ganzen Jahres«, dachte der klei-

ne Tag glücklich. Mit neuem Eifer schaute er sich auf der Welt um.

Er sah das Meer. Die Wellen klatschten gegen die Felsen am Strand, und die Gischt sprühte schäumend auf. Es war ein wundervolles Schauspiel, von dem sich der kleine Tag kaum losreißen konnte.

Sein Blick streifte über die Berge. Ein Bergsteiger mühte sich keuchend, einen schneebedeckten Gipfel zu bezwingen. Als er oben angekommen war, lachte er und genoss den weiten Blick ins Tal. Der kleine Tag freute sich mit ihm.

Aus einer Stadt hörte er laute Geräusche. Überall wurde eifrig gearbeitet. Männer und Frauen schalteten Hebel, knipsten Knöpfe und tippten auf Tasten, sie hämmerten und kurbelten und sägten und bohrten und machten einen ungeheuren Lärm. Aber sie machten keine fröhlichen Gesichter dabei.

In einer großen Halle standen lange Schlangen wartender Menschen. Sicher gab es dort etwas Besonderes! Aber nein: Wenn die Wartenden endlich einen Schalter erreicht hatten, hinter dem ein streng blickender Mensch saß, mussten sie viele Kreuze in kleine Kästchen und Papierbögen machen und auch noch Geld dafür bezahlen. Der kleine Tag wunderte sich.

In einem Park saß ein Mann auf einer Bank und schrieb. Als er fertig war, sah er sich zufrieden lächelnd um. Er hatte heute bestimmt etwas ganz besonders Schönes geschrieben. Der kleine Tag freute sich.

In einem Fenster stand ein Musiker und pfiff fröhlich eine kleine, neu komponierte Melodie vor sich hin. Der kleine Tag hätte am liebsten mitgepfiffen.

Der Nachmittag brachte ihm neue Erfahrungen: spielende Kinder, Leute beim Spazierengehen, Menschen, die sich zum gemütlichen Kaffeetrinken zusammenfanden.

Er sah einen jungen Mann an einer Haustür klingeln und ein hübsches Mädchen herauskommen. Die beiden fassten sich an den Händen und gingen in einen Park. Auf der Brücke über einen kleinen Bach blieb der junge Mann stehen und sah dem Mädchen in die Augen. »Ich hab dich lieb!«, sagte er und gab ihr einen Kuss. Dem kleinen Tag wurde ganz heiß vor Freude. Dies war sicher das allerschönste Erlebnis für ihn hier auf der Erde.

Als der Abend dämmerte, war seine Erdenreise vorbei. Der kleine Tag seufzte. Er musste zurück nach Hause ins Lichtreich. Erfüllt von seinen Erlebnissen, machte er sich auf den Weg.

Alle Tage hatten sich schon versammelt und erwarteten gespannt seinen Bericht.

»Na, wie war's?«, fragte ihn sein Vater, »bist du ein guter Tag gewesen?« »O ja!«, rief der kleine Tag, aufgeregt erzählte er seine Erlebnisse. »... und dann haben sie sich geküsst!«, rief er am Schluss ganz atemlos und sah sich erwartungsvoll in der Runde um.

»Hm Hm«, sagte sein Vater, »so was kennen wir ja alle. Nun erzähl mal die interessanten Dinge. Was hat sich denn wirklich ereignet?« Der kleine Tag starrte ihn fassungslos an. »Aber ...«, stammelte er, »das ist alles. Das ist doch viel, oder?«

In den hinteren Reihen begannen einige ältere Tage zu lachen. Schließlich lachten sie alle, die ganze Gesellschaft, bis der kleine Tag in einer riesigen Woge von Gelächter zu ertrinken drohte. »Was?«, rief sein Vater aufgebracht. »Es muss doch wenigstens etwas passiert sein! Ein Schiffsunglück vielleicht? Oder eine Flugzeugentführung? Wenigstens ein Banküberfall?«

Der kleine Tag schüttelte den Kopf. Einsam und traurig stand er mitten in dem Gelächter. Sein schöner Tag! Und sie fanden ihn langweilig. Er hätte vor Scham versinken mögen.

»Nicht mal ein …«, begann sein Vater noch einmal, aber er fragte nicht weiter. Der kleine Tag tat ihm leid.

»Ein Nichts bist du!«, schrie der Onkel, der die Raumschifflandung auf dem fernen Planeten erlebt hatte. »Ein Nichts! Schon morgen hat man dich auf der Erde vergessen. Kein Buch wird dich erwähnen, kein Mensch wird sich an dich erinnern! Geburtstag! Sonne! Und Liebe! Dass ich nicht lache!«

›Ist Liebe denn wirklich nichts Ungewöhnliches, Schönes?‹, wollte der kleine Tag fragen – aber er traute sich nicht mehr. Er fürchtete die Hänseleien und den Spott der anderen.

»Komm mit und ruh dich aus«, sagte der Vater und zog ihn fort. »Und ihr macht euch nicht über meinen Sohn lustig!«, rief er giftig den versammelten Tagen zu.

Die Mutter versuchte ihn zu trösten: »Sei nicht traurig. Du bist ein guter Tag gewesen und hast sehr schöne Dinge auf der Erde gesehen. Weißt du, es kommt gar nicht darauf an, dass möglichst viele Menschen sich an einen Tag erinnern. Wenn du nur ganz wenigen eine Freude geschenkt hast, dann hat sich dein Dasein schon sehr gelohnt.«

Aber der kleine Tag war nicht zu trösten. In den kommenden Tagen und Wochen wurde er

überall ausgelacht und verspottet. Den abendlichen Versammlungen blieb er fern. Er wollte nicht hören, was die anderen Tage zu berichten hatten. Einsam hielt er sich abseits. Nur er allein wusste, wie sich einzelne Menschen an seinem Tag gefreut hatten.

Eines Abends jedoch, viele einsame Tage, Wochen und Monate später, kam ein Verwandter ganz aufgeregt von der Erde zurück. »Du bist jetzt berühmt!«, rief er dem kleinen Tag zu, »der 23. Februar soll auf der ganzen Welt ein Feiertag werden! Morgen steht es in allen Zeitungen!«

Neugierig drängten sich andere Tage herbei. »Ein Feiertag? Warum?«, fragte der kleine Tag.

»Weil an deinem 23. Februar, als du auf der Erde warst, kein Verbrechen geschehen ist. Nirgendwo wurde gekämpft. Darum wollen die Menschen von nun an jedes Jahr ein Fest des Friedens feiern! Sie werden lachen, singen und tanzen und sich an deinen schönen Tag erinnern!«

Der kleine Tag sagte gar nichts. Er strahlte.

*Heinrich Böll*

# Anekdote zur Senkung der Arbeitsmoral

In einem Hafen an der westlichen Küste Europas liegt ein ärmlich gekleideter Mann in seinem Fischerboot und döst. Ein schick angezogener Tourist legt eben einen neuen Farbfilm in seinen Fotoapparat, um das idyllische Bild zu fotografieren: blauer Himmel, grüne See mit friedlichen schneeweißen Wellenkämmen, schwarzes Boot, rote Fischermütze. Klick. Noch einmal: klick, und da aller guten Dinge drei sind, und sicher sicher ist, ein drittes Mal: klick.

Das spröde, fast feindselige Geräusch weckt den dösenden Fischer, der sich schläfrig aufrichtet, schläfrig nach seiner Zigarettenschachtel angelt, aber bevor er das Gesuchte gefunden, hat ihm der eifrige Tourist schon eine Schachtel vor die Nase gehalten, ihm die Zigarette nicht gerade in den Mund gesteckt, aber in die Hand gelegt, und ein viertes Klick, das des Feuerzeuges, schließt die eilfertige Höflichkeit ab. Durch je-

nes kaum meßbare, nie nachweisbare Zuviel an flinker Höflichkeit ist eine gereizte Verlegenheit entstanden, die der Tourist – der Landessprache mächtig – durch ein Gespräch zu überbrücken versucht.

»Sie werden heute einen guten Fang machen.«

Kopfschütteln des Fischers.

»Aber man hat mir gesagt, daß das Wetter günstig ist.«

Kopfnicken des Fischers.

»Sie werden also nicht ausfahren?«

Kopfschütteln des Fischers, steigende Nervosität des Touristen. Gewiß liegt ihm das Wohl des ärmlich gekleideten Menschen am Herzen, nagt an ihm die Trauer über die verpaßte Gelegenheit.

»Oh, Sie fühlen sich nicht wohl?«

Endlich geht der Fischer von der Zeichensprache zum wahrhaft gesprochenen Wort über. »Ich fühle mich großartig«, sagt er. »Ich habe mich nie besser gefühlt.« Er steht auf, reckt sich, als wolle er demonstrieren, wie athletisch er gebaut ist. »Ich fühle mich phantastisch.«

Der Gesichtsausdruck des Touristen wird immer unglücklicher, er kann die Frage nicht mehr unterdrücken, die ihm sozusagen das Herz zu

sprengen droht: »Aber warum fahren Sie dann nicht aus?«

Die Antwort kommt prompt und knapp. »Weil ich heute morgen schon ausgefahren bin.«

»War der Fang gut?«

»Er war so gut, dass ich nicht noch einmal auszufahren brauche, ich habe vier Hummer in meinen Körben gehabt, fast zwei Dutzend Makrelen gefangen …«

Der Fischer, endlich erwacht, taut jetzt auf und klopft dem Touristen beruhigend auf die Schultern. Dessen besorgter Gesichtsausdruck erscheint ihm als ein Ausdruck zwar unangebrachter, doch rührender Kümmernis.

»Ich habe sogar für morgen und übermorgen genug«, sagt er, um des Fremden Seele zu erleichtern. »Rauchen Sie eine von meinen?«

»Ja, danke.«

Zigaretten werden in die Münder gesteckt, ein fünftes Klick, der Fremde setzt sich kopfschüttelnd auf den Bootsrand, legt die Kamera aus der Hand, denn er braucht jetzt beide Hände, um seiner Rede Nachdruck zu verleihen.

»Ich will mich ja nicht in Ihre persönlichen Angelegenheiten mischen«, sagt er, »aber stellen Sie sich mal vor, Sie führen heute ein zweites, ein drittes, vielleicht sogar ein viertes Mal

aus, und Sie würden drei, vier, fünf, vielleicht gar zehn Dutzend Makrelen fangen … stellen Sie sich das mal vor.«

Der Fischer nickt.

»Sie würden«, fährt der Tourist fort, »nicht nur heute, sondern morgen, übermorgen, ja, an jedem günstigen Tag zwei-, dreimal, vielleicht viermal ausfahren – wissen Sie, was geschehen würde?«

Der Fischer schüttelt den Kopf.

»Sie würden sich in spätestens einem Jahr einen Motor kaufen können, in zwei Jahren ein zweites Boot, in drei oder vier Jahren könnten Sie vielleicht einen kleinen Kutter haben, mit zwei Booten und dem Kutter würden Sie natürlich viel mehr fangen – eines Tages würden Sie zwei Kutter haben, Sie würden …«, die Begeisterung verschlägt ihm für ein paar Augenblicke die Stimme, »Sie würden ein kleines Kühlhaus bauen, vielleicht eine Räucherei, später eine Marinadenfabrik, mit einem eigenen Hubschrauber rundfliegen, die Fischschwärme ausmachen und Ihren Kuttern per Funk Anweisungen geben. Sie könnten die Lachsrechte erwerben, ein Fischrestaurant eröffnen, den Hummer ohne Zwischenhändler direkt nach Paris exportieren – und dann …«, wieder verschlägt die Begeisterung dem Fremden die Sprache.

Kopfschüttelnd, im tiefsten Herzen betrübt, seiner Urlaubsfreude schon fast verlustig, blickt er auf die friedlich hereinrollende Flut, in der die ungefangenen Fische munter springen.

»Und dann«, sagt er, aber wieder verschlägt ihm die Erregung die Sprache.

Der Fischer klopft ihm auf den Rücken, wie einem Kind, das sich verschluckt hat.

»Was dann?«, fragt er leise.

»Dann«, sagt der Fremde mit stiller Begeisterung, »dann könnten Sie beruhigt hier im Hafen sitzen, in der Sonne dösen – und auf das herrliche Meer blicken.«

»Aber das tu ich ja schon jetzt«, sagt der Fischer, »ich sitze beruhigt am Hafen und döse, nur Ihr Klicken hat mich dabei gestört.«

Tatsächlich zog der solcherlei belehrte Tourist nachdenklich von dannen, denn früher hatte er auch einmal geglaubt, er arbeite, um eines Tages einmal nicht mehr arbeiten zu müssen, und es blieb keine Spur von Mitleid mit dem ärmlich gekleideten Fischer in ihm zurück, nur ein wenig Neid.

Horst Conen

# Ich achte auf schöne Momente

Eines Tages reiste ich in das Land, in dem »die Zitronen blühen«, um an einer Tagung teilzunehmen. Nach längerer Autofahrt hielt ich am Abend in einem norditalienischen Städtchen, um dort zu übernachten. Ich stellte meinen Wagen auf der Piazza ab, auf der noch andere Autos parkten, aß zu Abend und fiel müde ins Bett.

Als ich am nächsten Morgen aus dem Hotel trat, sah ich keine Piazza mehr. An ihrer Stelle war ein Markt, auf dem reges Treiben herrschte. Von den Autos fehlte jede Spur. Ich war verwirrt und wandte mich an den Hotelbesitzer. Kurz darauf wusste ich zwar, dass ich wohl das entsprechende Hinweisschild übersehen haben musste, nur wie ich mein Auto zurückerhielt, das wusste ich nicht.

Die Zeit drängte. In einer Stunde wollte ich am Zielort sein und hatte noch ein ziemliches Stück Weg zurückzulegen. Da kam ein Italiener auf mich zu, der alles mit angehört hatte. Er

sprach meine Sprache besser als ich seine. Er sagte, ich solle mich nicht sorgen und mich in das Café setzen, er würde das Auto beschaffen. Mir war die Angelegenheit nicht ganz geheuer, trotzdem händigte ich ihm den Autoschlüssel aus, begab mich, wie er geraten hatte, in das Straßencafé nebenan und wartete.

Die Zeit verging und immer öfter sah ich nervös auf die Uhr. Mir wurde langsam klar, dass die Tagung ohne mich beginnen würde. Es war nicht mehr zu ändern. Zuerst war ich verärgert und dachte: »Nun war die lange Reise vergeblich!« Doch nach einer Weile verflog mein Ärger. Mir blieb nichts anderes übrig, ich musste mich mit der Situation abfinden. Allmählich versuchte ich mich zu entspannen und sah dem Leben auf der Straße zu. Ich wurde ermuntert, ein Stück Kuchen zu probieren, wechselte ein paar Worte mit der Signora hinter dem Büfett und ließ allem seinen Lauf. Ich genoss den sonnigen Vormittag – wenn auch gezwungenermaßen.

Da hupte es. Mein Wagen stand wieder da. Der hilfsbereite Einheimische hatte ihn von einem Platz vor der Stadt geholt. Er hatte mit den Leuten verhandelt, sodass nicht einmal eine Gebühr fällig wurde. Als ich mich bedanken wollte, winkte er ab. Keine Lira wollte er annehmen.

Lediglich zu einem Espresso ließ er sich überreden. Ich berichtete, dass ich es mir in der Zwischenzeit habe gut gehen lassen, und bemerkte mit einem lachenden und einem weinenden Auge, es sei doch auch viel gesünder, zwischendurch das Leben zu genießen, als nur von Termin zu Termin zu jagen.

Er schmunzelte und murmelte, dann hätte ich es ja dem »alten Conte« gleichgetan. Da ich das nicht verstand, sagte er, in seiner Heimat erzählt man sich die Geschichte von einem Grafen, der sehr, sehr alt wurde, weil er ein Lebensgenießer par excellence war:

»Er verließ niemals sein Haus, ohne sich zuvor eine Handvoll Bohnen einzustecken. Er tat dies nicht etwa, um die Bohnen zu kauen. Nein, er nahm sie mit, um so die schönen Momente des Tages bewusster wahrzunehmen und um sie besser zählen zu können. Für jede positive Kleinigkeit, die er tagsüber erlebte – zum Beispiel einen fröhlichen Plausch auf der Straße, das Lachen seiner Frau, ein köstliches Mahl, eine feine Zigarre, einen schattigen Platz in der Mittagshitze, ein Glas guten Weines – für alles, was die Sinne erfreute, ließ er eine Bohne von der rechten in die linke Jackentasche wandern. Manchmal waren es gleich zwei oder drei.

Abends saß er dann zu Hause und zählte die Bohnen aus der linken Tasche. Er zelebrierte diese Minuten: So führte er sich vor Augen, wie viel Schönes ihm an diesem Tag widerfahren war und freute sich. Und sogar an einem Abend, an dem er bloß eine Bohne zählte, war der Tag gelungen – hatte es sich zu leben gelohnt!«

Ich fuhr weiter und nahm diese kleine Geschichte mit auf den Weg. Seither sind viele Jahre vergangen. Das Lebensrezept des alten Conte aber ist mir geblieben. Den Bohnentrick habe ich im Alltag übernommen. Und da einfache Rezepte oft wirkungsvoller sind als mancher ausgefeilte Vortrag, habe ich ihn bereits häufig weitergegeben. Vielleicht begegnen Ihnen Damen und Herren, deren Jackentaschen mit Bohnen gefüllt sind.

So bin ich für jenen Zwischenfall in Italien heute noch dankbar: Ich weiß, ich kann nicht nur, sondern ich muss den positiven Kleinigkeiten jeden Tag Beachtung schenken. Und vieles ist mir seitdem »eine Bohne wert«.

*Patricia Koelle*

# Himmelssprünge

Als Lore Habermann vom Briefträger erfuhr, dass Frank Thiessen von nebenan 500 Euro im Preisausschreiben der Zeitung gewonnen hatte, freute sie sich ehrlich für ihn. Vielleicht würde das Bewegung in sein Leben bringen.

Er könnte sein verkommenes Haus damit streichen. Seit er es von seinen Eltern geerbt hatte, hatte es keine Farbe gesehen und war so grau wie sein Bewohner. Das Grau ging Lore auf die Nerven. Er könnte einen Rasenmäher kaufen oder das vergessene Auto im Vorgarten verschrotten.

Es war sonst nichts gegen ihn einzuwenden. Jeden Tag ging er pünktlich in die nahe Drogerie und verkaufte mit freundlichem Blick Sonnencreme und Taschentücher. Einladungen zum Grillen oder Skat wies er zurück, aber stets höflich.

Ein Lächeln schien er nicht zu besitzen. An milden Tagen saß er auf der Stufe vor seiner Tür und las. Wo der Rest seines Lebens blieb, wusste

niemand. Und für Lore, die seit dem Auszug ihrer Kinder ein waches Auge auf die Nachbarschaft hatte, gab es nichts zu sehen. Eine ganze Himmelsrichtung – vollkommen verschwendet.

Sie machte ihm keine Vorwürfe. Schon seine Eltern waren verschuldet gewesen. Doch seinetwegen blieb eine kleine Traurigkeit in ihr, die sich so wenig verscheuchen ließ wie eine hungrige Wespe.

Der Gewinn schien bei Frank Thiessen zunächst nichts zu bewirken. Lore fragte sich, ob er wohl für einen mütterlichen Rat offen wäre, und musste von ihrem Robert daran erinnert werden, dass mindestens achtunddreißig Apfelernten vergangen waren, seit Frank Thiessen ein stiller Junge mit Kniestrümpfen und braunem Lederranzen gewesen war. Lore musste zugeben, dass er inzwischen nicht nur etwa unbeholfene eins achtundneunzig groß, sondern auch erwachsen war.

Dann kam der Donnerstag, der Lores Aussicht nach Westen völlig veränderte. Sie kam nach Hause und sah, wie ein Lastwagen aus der Einfahrt des Nachbarhauses bog. Ob sich der Junge eine Waschmaschine geleistet hatte? Die Chancen standen schlecht, dass sie es jemals in Erfahrung bringen würde. Oben sah sie aus dem Fens-

ter und erstarrte. Es war Anfang Oktober und der Tag hatte einen solchen Biss, dass sie Handschuhe angezogen hatte. Nun vergaß sie, den zweiten wieder auszuziehen.

In der verdorrten Wildnis nebenan, die einmal ein Garten gewesen war, in dem ein Junge Murmelbahnen baute, stand ein Karton, groß wie Lores Schlafzimmer.

Als Lore abends vom Canasta zurückkehrte, lehnten die Reste neben Frank Thiessens Mülltonne. »Familientrampolin«, las sie, »Durchmesser 4,30 m, Höhe 87 cm, 96 Federn.«

Sie war außer Atem, als sie sich aus ihrem Fenster lehnte. Das runde schwarze Gebilde, das das Nachbargrundstück füllte, wirkte in der nebligen Dämmerung wie ein Teich. Wäre da nicht die Silhouette Frank Thiessens gewesen, der zwischen seinem Splitter Erde und dem silbernen Herbsthimmel wortlos auf und ab sprang, immer höher. Er sprang noch, als Lore ins Bett ging. Sie konnte es am Quietschen der Federn hören. Vier Wochen lang füllte Bewegung Lores Fenster. Frank Thiessen frühstückte im Schneidersitz auf dem Trampolin und sprang dann, bis er zur Arbeit ging. Punkt 16.15 Uhr war er zurück auf dem Trampolin. Er aß darauf, las darauf und schlief darauf mit einer Wollde-

cke, den Blick auf den zunehmenden Mond gerichtet.

Dazwischen sprang er, und wenn es hell genug war, konnte man sein Lächeln sehen. Lore schämte sich nicht, gelegentlich ihr Fernglas zu benutzen. Sie schwor, so ein Lächeln habe sie ihr Leben lang nie im Gesicht eines Menschen gesehen.

Um ihn herum senkten sich in goldenen Wirbeln die Blätter des vergangenen Sommers. Manchmal bildete Lore sich ein, sie sprängen zwischendurch zurück an die Bäume, angesteckt vom Überschwang des Mannes auf dem Trampolin.

Ein Chor von Grillen schwoll im feuchten Gras und von oben fielen die heiseren Rufe der Kraniche auf dem Weg nach Süden. Es roch nach dem heimlichen Kartoffelfeuer der Kinder aus Nr. 21.

Während Lore in ihrer dicken Strickjacke fröstelte, sprang Frank Thiessen in Hemdsärmeln und barfuß. Seine enormen Füße, die sonst immer wirkten, als wollten sie woanders hin als er selbst, machten jetzt alles in ihm leicht. Tage später fiel Regen, und Frank Thiessen lag ruhig unter dem Trampolin und lauschte auf das Trommeln der Tropfen.

Als die Bäume kahl standen, bewegte sich nichts mehr vor Lores Fenster. Nach drei Tagen schickte sie ihren Mann nach nebenan. Robert fand die Hintertür angelehnt und Frank Thiessen in seinem Bett. Er atmete nicht.

Aber er lächelte.

Unter Tränen fragte Lore später den Arzt, ob das Trampolin den Jungen umgebracht habe. Er versicherte ihr, dass dessen Leben wegen eines unentdeckt gebliebenen Herzfehlers ohnehin ein Wunder gewesen war und die Freude am Springen ihm eher einen zusätzlichen Monat geschenkt hatte.

Draußen berührte der Raureif das Trampolin und malte auf dem schwarzen Gummi zarte Muster um die Abdrücke der nackten Füße Frank Thiessens, der auf 96 Federn sich und dem Mond so nahe gekommen war.

*Axel Kühner*

# Das Brot der Hoffnung

Ein Professor der Medizin stirbt, und seine drei Söhne lösen seinen Haushalt auf. Die Mutter war schon lange vorher gestorben, und der Vater hatte mit einer langjährigen Haushälterin allein gelebt. Im Arbeitszimmer des Vaters fanden die Söhne neben vielen wertvollen Dingen in einem Schrank ein steinhartes, vertrocknetes, halbes Brot. Die Haushälterin wusste, was es damit auf sich hatte.

In den ersten Jahren nach dem Krieg war der Professor todkrank. Da schickte ihm ein guter Freund ein halbes Brot, damit der Professor etwas zu essen hatte. Der aber dachte an die viel jüngere Tochter eines Nachbarn und ließ dem Mädchen das Brot schicken. Die Nachbarsfamilie aber mochte das wertvolle Brot nicht für sich behalten und gab es weiter an eine arme alte Witwe, die oben im Haus in einer kleinen Dachkammer hauste. Die alte Frau aber brachte das Brot ihrer Tochter, die mit zwei kleinen Kindern ein paar Häuser weiter wohnte und nichts zu es-

sen hatte für die Kinder. Die Mutter dachte, als sie das Brot bekam, an den Medizinprofessor, der todkrank lag. Sie sagte sich, dass er ihrem Jungen das Leben gerettet und kein Geld dafür genommen hatte. Nun hatte sie eine gute Gelegenheit, es ihm zu danken, und ließ das Brot zum Professor bringen.

»Wir haben das Brot sofort wiedererkannt«, sagte die Haushälterin, »unter dem Brot klebte immer noch das kleine Papierstückchen.« Als der Professor sein Brot wieder in der Hand hielt, sagte er: »Solange noch Menschen unter uns leben, die so handeln, braucht uns um unsere Zukunft nicht bange zu sein. Dies Brot hat viele satt gemacht, obwohl keiner davon gegessen hat. Dies Brot ist heilig. Es gehört Gott!« So legte er es in den Schrank. Er wollte es immer wieder ansehen, wenn er mal nicht weiterwusste und die Hoffnung verlor. Es war das Brot der Hoffnung.

*Ursula Wölfel*

# Ein schöner Tag

Die Eltern und Anja verreisen am Wochenende. Kilian soll mit Großvater zu Hause bleiben.

»Immer darf die Anja mitfahren und ich nicht!«, sagt Kilian.

Großvater sagt: »Wir beide machen uns morgen einen schönen Tag. Du kannst dir wünschen, was wir tun sollen. Es darf nur nicht zu viel Geld kosten.«

»Dann möchte ich den ganzen Tag tun, was ich will«, sagt Kilian. »Und du musst mitmachen.«

»Einverstanden«, sagt Großvater.

Am Sonntagmorgen läuft Kilian im Schlafanzug in die Küche. Großvater ist auch schon wach.

»Ich hab' Hunger!«, ruft Kilian.

Großvater sagt: »Wasch dich schnell. Ich mache das Frühstück.«

»Heute wasche ich mich doch nicht!«, ruft Kilian.

»Soll mir recht sein«, sagt Großvater. »Und was gibt es zum Frühstück?«

»Für jeden drei Rühreier«, sagt Kilian. »Und ich trinke Apfelsaft dazu. Du kannst dir ja Kaffee kochen.«

Sie essen die Rühreier gleich aus der Pfanne.

»So schmecken sie wirklich am besten«, sagt Großvater.

Kilian zieht sich an.

»Jetzt müssen wir wohl ein bisschen aufräumen«, sagt Großvater. »Und unsere Betten müssen wir noch machen.«

»Kommt nicht in Frage!«, sagt Kilian. »Heute wird nichts aufgeräumt.«

»Gut«, sagt Großvater. »Wie du willst.«

Kilian spuckt vom Balkon auf den Hof hinunter.

»Aber Kilian!«, sagt Großvater.

Kilian sagt: »Spucken kostet doch kein Geld. Kannst du das Papier neben der Mülltonne treffen?«

Großvater und Kilian spucken um die Wette. Großvater trifft das Papier.

»Du bist Sieger!«, ruft Kilian.

»Was tun wir jetzt?«, fragt Großvater.

Kilian sagt: »Das Wetter ist schön. Wir gehen verrückt spazieren. Jeder muss etwas Verrücktes anziehen.«

Kilian zieht seine Schwimmflossen an. Er setzt die Taucherbrille und den Schnorchel auf.

Großvater leiht sich Kilians Pudelmütze. Er wickelt sich einen dicken Winterschal um den Hals, und er zieht Fausthandschuhe an.

»Das ist gut!«, ruft Kilian.

So gehen sie in den Park. Großvater schwitzt in den dicken Sachen. Kilian platscht mit den Schwimmflossen neben ihm her.

Die Leute auf der Straße und im Park bleiben stehen. Sie sehen den beiden nach. Die Kinder zeigen mit dem Finger auf Großvater und Kilian. Eine Frau schimpft. »So ein Unfug!«, ruft sie. Aber die anderen lachen und Großvater und Kilian lachen am meisten.

Zum Mittagessen kochen sie nichts. Sie essen nur Wurstbrote und saure Gurken und Pflaumenkompott.

Kilian bohrt in der Nase.

»Aber Kilian!«, sagt Großvater wieder.

»Heute darf ich doch alles«, sagt Kilian. »Und Nasebohren kostet nichts.«

»Stimmt«, sagt Großvater.

»Und jetzt möchte ich eine Autobusreise machen«, sagt Kilian.

Sie fahren mit vier verschiedenen Bussen kreuz und quer durch die Stadt. Kilian tut so, als

wäre er ganz fremd hier. Großvater muss ihm alles zeigen: das Rathaus, den Marktplatz, die Altstadt, die große Kirche, die Denkmäler, den Sportplatz, das Hallenbad, das Theater, die Kaufhäuser und die Fabriken.

»So, so«, sagt Kilian. »Das ist also das Rathaus?« Oder er sagt: »So, so, ein Hallenbad gibt es hier auch?« Und er fragt: »Gibt es in dieser Stadt auch ein Eiscafé?«

»Natürlich!«, ruft Großvater. Und sie gehen Eis essen.

Im Dunkeln kommen sie nach Hause.

Großvater fragt: »Und was tun wir jetzt?«

Kilian gähnt. Er sagt: »Mir fällt nichts mehr ein. Sag du mal, was wir jetzt tun sollen.«

»Vielleicht gehen wir schlafen?«, fragt Großvater.

*Matthias Schmidt*

# Herr Gute Laune

Kennt ihr Herrn Gute Laune? Wahrscheinlich nicht, aber Herr Gute Laune heißt nicht nur so, nein, Herr Gute Laune hat auch immer gute Laune.

So sang Herr Gute Laune jeden Morgen, wenn er sich für die Arbeit fertig machte. Er sang manchmal so laut und falsch, dass manche Nachbarn davon schlechte Laune bekamen. Manchmal beschwerten sie sich dann auch bei ihm, aber es blieb immer nur bei einem Versuch, denn sobald Herr Gute Laune die Tür aufmachte, verflog die schlechte Laune der Nachbarn augenblicklich. Seine gute Laune war so ansteckend, dass die Nachbarn mit einem Lächeln wieder weggingen.

Eines Tages machte sich Herr Gute Laune wieder einmal für die Arbeit fertig und er sang wieder sehr laut und sehr vergnüglich falsch. Wieder wollte sich ein Nachbar bei ihm beschweren. Er klingelte bei ihm und als Herr Gute Laune ihm aufmachte, konnte man schnell ein Lächeln auf

dem Gesicht des Nachbarn erkennen. Er wollte schon wieder gehen, als ihn Herr Gute Laune fragte: »Sie, Herr Nachbar, woher kommt eigentlich schlechte Laune?« Der Nachbar entgegnete etwas zögernd: »Hm. Weiß ich doch nicht. Die ist halt einfach da.« »Einfach da?«, wiederholte Herr Gute Laune leise, als der Nachbar hinzufügte: »… und sie kommt, wenn jemand so laut und falsch wie Sie am Morgen singt.« »Aha«, sagte Herr Gute Laune und überlegte kurz und fragte dann den Nachbarn: »Sie, Herr Nachbar, könnten Sie morgen früh einmal laut und falsch singen?« »Ich? Ich singe nie laut und falsch und schon gar nicht am Morgen!« »Bitte machen Sie es doch. Vielleicht weiß ich dann, wie es ist, schlechte Laune zu haben, und kann mich viel besser in Sie hineinversetzen.« »Na gut«, erwiderte der Nachbar etwas irritiert und ging wieder zu seiner Wohnung.

Am nächsten Morgen machte sich Herr Gute Laune wieder für die Arbeit fertig, sang laut und falsch wie an jedem Morgen und setzte sich dann gut gelaunt auf sein Sofa und wartete. Ein paar Minuten später konnte er hören, wie sein Nachbar Wort hielt und aus voller Kehle laut und falsch sang. Herr Gute Laune wartete nun, bis sich die schlechte Laune bei ihm einstellte, aber

es passierte nichts. Nein, im Gegenteil, seine Laune wurde so gut wie noch nie. Er musste irgendwann lauthals lachen über seinen Nachbarn und dachte bei sich: »Ich habe immer gute Laune, aber so gute Laune wie heute hatte ich ja noch nie. Ich muss mich sofort bei meinem Nachbarn bedanken.«

Gesagt, getan. Als sein Nachbar ihm die Tür öffnete, konnte er sofort ein Lächeln erkennen, denn auch der Nachbar war noch nie so gut gelaunt wie an diesem Morgen gewesen. So vereinbarten sie, dass sie abwechselnd am Morgen laut und falsch singen würden. Am Montag, Mittwoch und Freitag sang Herr Gute Laune falsch. Am Dienstag, Donnerstag und Samstag sang der Nachbar laut und falsch. Am Sonntag hatten sie sowieso gute Laune. Außerdem mussten sie ja schon in der Kirche singen.

Im Laufe der Zeit schlossen sich mehr und mehr Nachbarn dem morgendlichen Falschgesang an und das Haus ist heute als das bestgelaunte der Stadt bekannt. Also, wenn ihr jemanden laut und falsch singen hört, fragt ihn mal, wie er heißt. Vielleicht ist es ja Herr Gute Laune.

*Jürgen Pasche*

# Der Geschichtenverkäufer

Mit einem kleinen Seufzer der Erleichterung ließ ich mich auf einen der freien Stühle sinken. Das kleine Café war ganz nach meinem Geschmack. Seinen gemütlichen Innenraum kannte ich von früheren Besuchen her, besonders aber schätzte ich die kleinen Tische, die der Besitzer bei den ersten Sonnenstrahlen im Frühling nach draußen stellte. Dort konnte man nach Belieben dem Treiben auf der Straße zuschauen oder sich von den vielfältigen Geräuschen einhüllen lassen, um in Ruhe seinen Kaffee genießen zu können. Man musste schon Glück haben, wenn man an einem Sonnentag wie diesem einen Platz bekommen wollte.

Es war noch früh am Nachmittag, nach Büroschluss würde es voller werden. Ich hatte meine Besorgungen zum größten Teil erledigt, auch wenn ich nicht in jedem Fall erfolgreich war. Ich nahm die Getränkekarte zur Hand. Wie es heute üblich ist, konnte ich zwischen vielen verschiedenen Variationen der Kaffeezubereitung wäh-

len: Espresso oder Cappuccino – damit fing es damals an, als die italienische Art des Kaffeegenusses modern wurde. Später wurde die Liste immer länger, aber ich entschied mich heute für ein ganz normales Kännchen Kaffee. Hoffentlich sind auch wirklich zwei Tassen drin, dachte ich noch im Stillen, als mir das junge Mädchen freundlich lächelnd das Bestellte brachte, Milch, Zucker und einen eingepackten Keks eingeschlossen.

Ich genoss das Treiben um mich herum, die Menschen, die an mir vorübergingen, das Gewusel, als die Straßenbahn hielt, die Kinder, die sich mit den Tauben vergnügten. Bei diesem Herumschweifen der Augen erblickte ich ihn von weitem, wie er den einen oder anderen Passanten ansprach, abgewiesen wurde, wie er langsam auf das Café zuging, wo er sich bei den dort Sitzenden wohl mehr Hoffnung machte angehört zu werden. Ich konnte sein Alter schlecht schätzen, vielleicht so Mitte siebzig, dachte ich. Er war unauffällig, aber ordentlich gekleidet und hatte unter den linken Arm eine Aktentasche geklemmt, die schon bessere Tage gesehen hatte. Er beugte sich zu einigen Gästen hinunter und sprach leise mit ihnen, ich konnte aber nichts verstehen. Hin und wieder zog er ein Papier aus

der Tasche, die Gäste betrachteten es kurz und schüttelten ausnahmslos ihre Köpfe. Das Gleiche wiederholte sich an meinem Nachbartisch.

Ich trank gerade genüsslich meine zweite Tasse leer und hatte dabei – eine dumme Angewohnheit von mir – genießerisch die Augen geschlossen. Als ich sie wieder öffnete, stand der Mann direkt vor mir und fragte mich: »Möchten Sie eine Geschichte kaufen?« Ich stutzte, denn mit solch einer Frage hatte ich nicht gerechnet.

Blitzartig fiel mir ein, dass ich morgens beim Frühstück in der Zeitung gelesen hatte, dass heute, am 23. April, der »Tag des Buches« sei. Während der Fahrt in die Stadt hatte ich noch eine Reportage im Radio gehört, wie auf dem Wochenmarkt zwischen Obst, Blumen und Gemüse auch ein Bücherstand aufgebaut worden war – mit Sondergenehmigung natürlich. Geistige Nahrung neben der Nahrung für den Körper zu verkaufen: ein netter Einfall!

»Möchten Sie eine Geschichte kaufen?«, wiederholte der Mann und sah mich mit geduldigen Augen an. Noch so eine Idee zum Tag des Buches, ging es mir durch den Kopf. Aber irgendwie konnte das nicht stimmen, denn die Art, wie der Mann mich anblickte, ruhig und abwartend, passte nicht zu einem Menschen, der vielleicht

von einer Buchhandlung oder einer Einrichtung, die das Lesen fördern will, engagiert worden war. Neugierig geworden fragte ich ihn: »Was für Geschichten verkaufen Sie denn?«

»Nur eine einzige, eine ganz bestimmte«, antwortete er leise. »Und – wie heißt sie? Wovon handelt sie?« Statt einer Antwort griff er in seine Tasche und holte ein Papier heraus. Bis auf eine Titelzeile war das Blatt leer. Am oberen Rand standen nur die zwei Wörter »Der Geschichtenverkäufer«. »Das bin ich«, fügte er hinzu.

»Und wo ist die Geschichte?«, erkundigte ich mich. »Die muss erst noch geschrieben werden, wenn Sie so freundlich wären!« Mit diesen Worten legte er mir einen Stift auf das leere Blatt. Bevor ich mich entschied, was ich tun würde, bat ich erst einmal den Mann, sich zu mir zu setzen und bestellte ihm einen Kaffee, den er dankbar annahm.

»Was bringt Sie eigentlich auf den verrückten Einfall mit dieser Geschichte, die noch nicht geschrieben ist, die Sie aber schon verkaufen wollen?«, fragte ich ihn freundlich, denn ich spürte schon, dass es sich hier um eine sehr eigenartige Begegnung handelte, die aber auch einen gewissen Reiz hatte. Der Mann, um dessen Lippen zum ersten Mal ein scheues Lächeln spielte, fing

an zu sprechen. »Wissen Sie«, begann er, »ich werde langsam alt, und wenn ich einmal nicht mehr bin, wird sich niemand mehr an mich erinnern. Alles wird so sein, als hätte ich nie gelebt. Dieser Gedanke verfolgt mich schon seit längerer Zeit und stimmt mich zusehends trauriger. So wuchs in mir der Wunsch nach wenigstens einem Menschen, der sich später einmal an mich erinnern wird. Ich war in meinem Leben immer ein Einzelgänger, habe keine eigene Familie gehabt, habe auch niemanden gebraucht. Nicht dass ich mich beklagen will: Ich habe das so gewollt und war damit zufrieden. Ich habe auch kein uninteressantes Leben geführt, im Gegenteil!« Dabei erzählte er mir viele Einzelheiten aus seinem Leben, nicht ohne mich zwischendurch immer wieder zu bitten, mir doch Notizen zu machen, was ich auch tat. Der Kaffee, den er in kleinen Schlucken zu sich nahm, schien anregend auf ihn zu wirken, bis er dann am Ende seiner bisherigen Lebensgeschichte ein wenig auf seinem Stuhl in sich zusammensank. Doch dann hob er wieder den Kopf, sah mich lange an und legte vorsichtig seine Hand auf meine Hand. »Ich danke Ihnen. Jetzt gibt es jemanden, der mich nicht vergessen wird, der sich an mich erinnert. Leben Sie wohl!« Damit stand er auf, hob

im Weggehen noch einmal grüßend seine Hand und war schon fast in der durch die Straße strömenden Menschenmenge verschwunden, als ich ihm nachrief: »Einen Moment bitte, ich möchte Ihnen Ihre Geschichte noch bezahlen, die Sie mir verkauft haben!« »Nicht nötig!«, rief er zurück. »Ich schenke sie Ihnen und – danke für den Kaffee!« Dann war er im Gedränge verschwunden.

Nicht einmal nach seinem Namen habe ich ihn gefragt, ging es mir durch den Kopf. Aber vielleicht war das auch nicht so wichtig.

Ich bezahlte meine Rechnung und fuhr nachdenklich nach Hause. Dort erzählte ich meiner Frau von der merkwürdigen Begebenheit. »Und?«, fragte sie. »Wirst du seine Geschichte aufschreiben? Das dürfte dir als Schriftsteller ja auch nicht schwerfallen. Außerdem sind es ja jetzt schon zwei Menschen, die sich an diesen kauzigen Herrn erinnern werden.« Sie hatte recht – wie so oft.

Wenn ich diese Geschichte aufschriebe, ging es mir durch den Kopf, und jemand läse sie, dann wären wir schon zu dritt – eigentlich ein kluger und vorausschauender Gedanke, der hinter diesem eigenwilligen Ansinnen des alten Mannes steckte. Ich nahm also die Notizen zur Hand, einen Stapel Papier, einen Stift und begann:

*»Der Geschichtenverkäufer«*
*Mit einem kleinen Seufzer der Erleichterung
ließ ich mich auf einen der freien Stühle sinken.
Das kleine Café war ganz nach meinem Geschmack ...*

Den Rest kennen Sie ja schon!

*Verfasser unbekannt*

# Die Schürze meiner Großmutter

Sehr oft und gerne denke ich zurück an meine Kindheit. Du, liebe Großmutter, spieltest darin immer eine Hauptrolle und mit dir deine dunkle Schürze, die du jeden Tag getragen hast. Sie war groß und faltig und reichte fast bis zum Boden. Sie war bedruckt mit kleinen Karos und Punkten und sie roch nach Kernseife und Appretur, wenn sie aus der Wäschekommode kam, und du hattest eine Anzahl davon.

Jeden Morgen hast du sie dir mit geübtem Griff um die Hüfte geschwungen, die Träger über die Schultern gelegt und sie am Taillenband fest geknöpft. Am Latz hing an jeder Seite eine Sicherheitsnadel, die zwar nie gebraucht wurde, aber immer da war.

Bevor dein Tagesablauf begann, strichst du mit deinen faltigen Händen die Schürze glatt, als wolltest du sagen: So, nun kann's losgehen.

Ich habe die Schürze geliebt. An ihrem Zipfel konnte ich mich festhalten, wenn wir in den

dunklen Keller gingen und mir nicht ganz geheuer war.

Derselbe Zipfel wischte meine Tränen ab, wenn ich mir die Knie aufgeschlagen hatte, und nahm sich auch meiner Rotznase an. Du hattest zwar immer ein neues Taschentuch bei dir, doch das wurde für Notfälle aufgehoben und nie benutzt. Der Schürzenzipfel war besser, um den Schweiß von der Stirn zu wischen, die Hände abzutrocknen und die Fliegen vom Tisch zu jagen.

Ich habe die Schürze bewundert, denn sie konnte einfach alles. Aus ihr wurde Hühnerfutter auf den Hof gestreut. In ihr anschließend die Eier eingesammelt. Sie diente als Apfelkorb und Gemüsetrage, half die Holzscheite zum Feuermachen ins Haus zu bringen und die Ähren vom Felde bergen.

Wenn das kleine Schwätzchen am Gartenzaun zu lange dauerte, wurde die Schürze aufgerollt und diente als Stütze für die Ellenbogen.

Bei plötzlichen Regengüssen war Omas Schürze der beste Regenschutz, viel besser als ein Taschentuch mit vier verknoteten Zipfeln auf dem Kopf.

Topflappen brauchtest du nie, du hattest ja die Schürze, die war viel praktischer. Die heißen Topfdeckel wurden damit angefasst, und der große Alu-

miniumtopf mit der dampfenden Kartoffelsuppe wurde mit ihrer Hilfe auf den Tisch gebracht.

Morgens, wenn das Feuer nicht so recht angehen wollte und das Blasen nichts nützte, nahmst du die Schürze und wedeltest ein paar Mal ordentlich damit.

Mit der Schürze wurde der Wäschekorb zugedeckt, wenn es zur Rolle ging.

Die Würste wurden damit bedeckt, die schön gestapelt und gleichmäßig im Handwagen lagen, wenn sie zum Räuchern fuhren.

Uns Kindern schien die Schürze wie eine Wundertüte, aus der im Frühjahr die Küken, im Sommer die ersten Sommeräpfel, im Herbst die ersten reifen Birnen und Pflaumen und im Winter die Haselnüsse gezaubert wurden.

Und erst die Schürzentasche! Da waren immer ein Fünfer oder ein Groschen drin, oder das kurze Bleistiftende, das wir zum Malen brauchten, der eingewickelte Lutscher, der über eine Beule hinwegtröstete, und der verlorene Knopf, den wir nirgends finden konnten.

Und wenn ich so an mich denke, liebe Oma, dann frage ich mich, was wohl mein Sohn, meine Tochter oder die Enkelkinder eines Tages von mir in Erinnerung behalten werden.

Wahrscheinlich meine Jeanshose.

*Rolf Krenzer*

# Teile das Brot, das du hast

Teile das Brot, das du hast, heute aus,
spar nicht für morgen den Wein.
Schließe nicht ab, sondern öffne dein Haus,
lade die Freunde noch ein.
Geh zu dem Menschen, der heut dich gekränkt,
lass dich doch mal mit ihm ein.
Öffne dein Fenster und lass mit dem Wind
Sonnenschein zu dir herein.
Geh zu dem Platz, wo die Wildrosen blühn,
freu dich, sie wiederzusehn.
Nimm deine Kinder und führ sie hinaus,
zeig ihnen auch, wo sie stehn.
Pflanz einen Baum, auch wenn morgen
  vielleicht
Regen den Tod mit sich bringt.
Schau nach dem Vogel und lausche dem Lied,
das er für dich heute singt.
Siehst du den Nebel, der über dem Wald
leicht wie ein Schleier noch schwebt.
Küss deine Liebste und gib ihr die Hand,
freu dich, dass sie mit dir lebt.

Wage zu danken für das, was heut ist,
auch wenn dir's nur leis gelingt.
Wage zu hoffen, du bist nicht allein,
was dir der Morgen auch bringt.
Teile das Brot, das du hast, heute aus,
spar nicht für morgen den Wein.
Schließe nicht ab, sondern öffne dein Haus,
lade die Freunde noch ein.

# Quellennachweis

Bibelzitate nach: Hoffnung für alle © 1983, 1996, 2002 International Bible Society. Übersetzung, Herausgeber und Verlag: Brunnen Verlag, Basel und Gießen.

*Blucha, Ulrike/Knauf, Iris*: Der alte Apfelbaum, aus: Bausteine Kindergarten – Alles Müll oder was?, Ausgabe 3/2004 © Bergmoser + Höller Verlag AG, Aachen.

*Böll, Heinrich*: Anekdote zur Senkung der Arbeitsmoral, aus: ders.: Werke. Kölner Ausgabe Band 22, hg. von Jochen Schubert © Verlag Kiepenheuer & Witsch GmbH & Co. KG, Köln 2007.

*Bucay, Jorge*: Wegen eines Krugs Wein, aus: ders.: Komm, ich erzähl dir eine Geschichte © Jorge Bucay 1999, aus dem Spanischen von Stephanie von Harrach © Ammann Verlag & Co., Zürich 2005. Alle Rechte vorbehalten S. Fischer Verlag GmbH Frankfurt am Main.

*Conen, Horst*: Ich achte auf schöne Momente © Horst Conen, Buchautor und Coach aus Köln.

*Dauer, Frank*: Aprikose Erna will nicht alleine sein © Frank Dauer.

*Eicke, Wolfram*: Der kleine Tag © Wolfram Eicke.

*Grad, Silvia*: Knollenernte 1960 © Silvia Grad.

*Koelle, Patricia*: Himmelssprünge, aus: dies.: Die Füße der Sterne © Dr. Ronald Henss Verlag, Saarbrücken 2008.

*Krenzer, Rolf*: Teile das Brot, das du hast © Rolf Krenzer Erben, Dillenburg.

*Kühner, Axel*: Das Brot der Hoffnung, aus: ders.: Überlebensgeschichten für jeden Tag © Neukirchener Verlagsgesellschaft, Neukirchen-Vluyn, 18. Auflage 2010.

*Manhan, Julie A.*: Ein Nachmittag im Park, aus: Jack Canfield/Mark Victor Hansen: Hühnersüppchen für die Seele © Hagenbach & Bender GmbH, Bern.

*Moortz, Herbert*: Auf dem Weg © Herbert Moortz.

*Nüchter, Lena*: Erinnerungen eines Kirschbaumes © Lena Nüchter, 2009.

*Pasche, Jürgen*: Der Apfelbaum/Der Geschichtenverkäufer, aus: ders.: Das Geschenk des Maulwurfs. 25 Kurzgeschichten © Jürgen Pasche.

*Reuß, Albrecht*: Zwetschgenflut, aus: ders.: Über Schwaben und den Ruhrpott – und das, was

dazwischen liegt und immer Verspätung hat © Albrecht Reuß.

*Saalfeld, Birgit (nach einem arabischen Märchen)*: Ein Märchen von Sehnsucht und Veränderung © Birgit Saalfeld.

*Schmidt, Matthias*: Herr Gute Laune © Matthias Schmidt.

*Schubert, Renate*: Zwei Gärten © Renate Schubert.

*Uebe, Ingrid*: Erntedank © Ingrid Uebe.

*Weidinger, Gertrud*: Weinfest im Oktober © Gertrud Weidinger.

*Wölfel, Ursula*: Ein schöner Tag © Ursula Wölfel.

*Zahlingen, Bronja*: Hänschen Apfelkern © 1983 Verlag Freies Geistesleben & Urachhaus GmbH, Stuttgart, 10. Auflage 2010.